KB270721

왕필명이 재해설한

한어교정

汉语教程

저자 **杨寄洲** 해설 **왕필명**

초급
2

왕필명이 재해설한 한어교정 초급2

초판인쇄 2016년 1월 15일
초판발행 2016년 1월 20일

저   자 杨寄洲
해   설 왕필명
펴 낸 이 엄태상
책임 편집 전유진
편   집 최미진, 조이수, 이경민, **王鹤凝**
디 자 인 박경미
마케팅총괄 백상현
마 케 팅 오원택, 이승욱, 박기진, 김동현, 전한나, 박나연
펴 낸 곳 (주)시사중국어사
등록 일자 1988년 2월 13일
등록 번호 제1 - 657호
주   소 서울시 종로구 자하문로 300 시사빌딩
전   화 구입문의 1588-1582
　　　　　　　내용문의 (02) 3676-0808
팩   스 (02) 747-1945
홈 페 이 지 book.chinasisa.com
이 메 일 sisachinabook@hanmail.net
ISBN　　　979-11-5720-026-9 14720
　　　　　　　979-11-5720-024-5 (set)

汉语教程 - 修订本

이 교재는 북경어언대학에서 중국어를 처음 배우는 외국인을 위해 새롭게 집필한 《汉语教程》의 개정판이다. 《汉语教程》은 1999년 출간된 이래로 국내외 많은 학교에서 교재로 채택되었는데, 이번 최신 개정에서 비교적 많은 부분을 개정하고 조절하여 요즘의 수요에 부합하도록 하였다.

초급은 총 26과로, 1권과 2권으로 나뉘어 각 13과로 구성되어 있어 중국어를 처음 공부하는 학생을 대상으로 한다. 중급도 마찬가지로 총 26과로, 1권과 2권으로 나뉘어 각 13과로 구성되어 있어 초급을 막 마친 학습자들이 학습하기에 적당하다. 마지막으로 고급은 총 24과로, 1권과 2권으로 나뉘어 각 12과로 구성되어 있으며 중국어 수준을 고급으로 끌어 올리고 싶은 학습자들이 선택하기에 알맞다.

이 교재는 발음과 문법, 단어, 한자 등 언어의 요소를 교습의 기초로 삼은 학습 훈련을 통해 학생들의 듣고 말하고 읽고 쓰는 언어 기술을 한층 더 끌어올리고, 학생들이 중국어를 사용하여 교류를 할 수 있도록 구성하였다.

대외중국어학습이 모국어와 다른 점은 언어요소의 학습이 홀로 이루어질 수 없고 언어요소 학습과정은 즉 언어기능과 언어교류기능훈련의 과정이라는 데 있어, 발음 학습이든 문법구조와 단어·단락 학습이든 모두 하나로 관철되어야만 한다. 교류의 원칙은 자세히 읽고 많이 연습하면 우수한 학습 효과를 낼 수 있다는 데 있다.

이번 개정에서 많은 전문가와 교사의 의견과 건의를 취합하였고, 북경어언대학출판사의 큰 지지를 받았기에 이 자리를 빌어 감사의 인사를 전한다.

杨寄洲

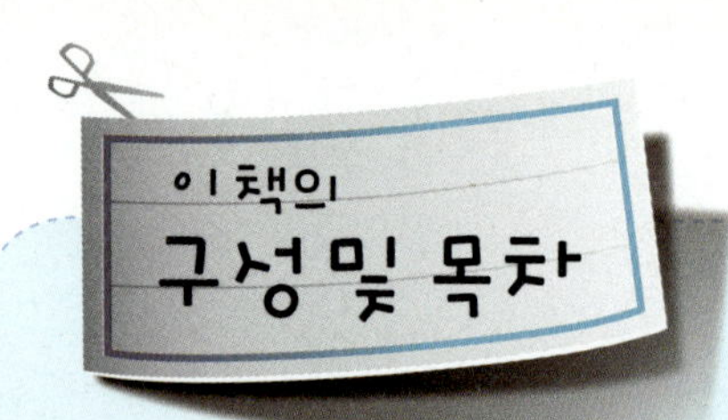

이 책의
구성 및 목차

제 1 과　　　　　　　　　　　　　　　　　　　　　　　　**12**

당신의 자전거는 새 것입니까 아니면 헌 것입니까

你的车是新的还是旧的 Nǐ de chē shì xīn de háishi jiù de

- 발음　　　어조 ①
- 회화　　　건강에 대해 묻기
- 일상용어　好久不见, 啊, (一)点儿
- 문법　　　어기조사 了, 주위 위어문, 생략 의문문 呢, 有点儿, 선택 의문문 还是

제 2 과　　　　　　　　　　　　　　　　　　　　　　　　**28**

당신의 회사에는 몇 명의 직원이 있습니까

你们公司有多少职员 Nǐmen gōngsī yǒu duōshao zhíyuán

- 발음　　　문장의 중음 ①
- 회화　　　가족 소개하기
- 일상용어　家, 不都是
- 문법　　　어림수 多

제 3 과　　　　　　　　　　　　　　　　　　　　　　　　**42**

당신은 자주 도서관에 갑니까　## 你常去图书馆吗 Nǐ cháng qù túshūguǎn ma

- 발음　　　문장의 중음 ②
- 회화　　　생활에 대해 이야기하기
- 일상용어　……, 好吗?, 咱们, 어기조사 吧 ②, 很少
- 문법　　　还是와 或者

제 4 과　　　　　　　　　　　　　　　　　　　　　　　　**56**

그는 무엇을 하고 있습니까　他在做什么呢 Tā zài zuò shénme ne

- 발음　　　문장의 중음 ③
- 회화　　　수업에 대해 이야기하기
- 일상용어　……呢?, 行
- 문법　　　동작의 진행, 조동사 想

제 5 과　　　　　　　　　　　　　　　　　　　　　　　　**72**

저는 우체국에 소포를 부치러 갑니다　我去邮局寄包裹 Wǒ qù yóujú jì bāoguǒ

- 발음　　　논리적 중음
- 회화　　　계획 이야기하기
- 일상용어　替, 没问题
- 문법　　　연동문

제 6 과　　　　　　　　　　　　　　　　　　　　　　　　**86**

입어봐도 될까요　可以试试吗 Kěyǐ shìshi ma

- 발음　　　문장의 중음 ④, 어조 ②
- 회화　　　상점에서
- 일상용어　可以, 不大不小, 打折
- 문법　　　동사 중첩②, 又……又……, 一点儿과 有(一)点儿

이 책의 활용법

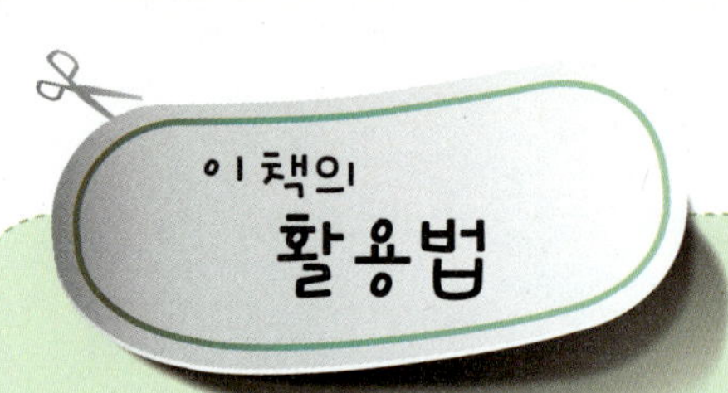

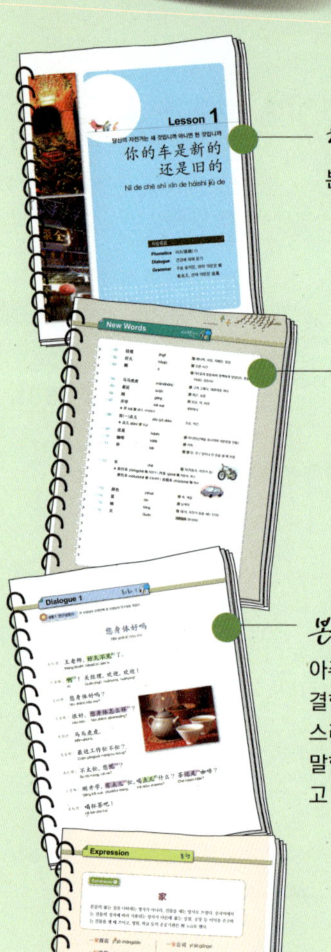

학습목표

본문을 시작하기 전에 이 과에서 무엇을 배울 것인가를 제시한다.

단어

새 단어들은 단계별로 난이도를 충분히 고려해 배열하였으며, 각 과당 적절한 학습량으로 조절하였다.

본문

아주 쉽고 기본적인 실용회화만을 선정하여 여기에 표현과 문법사항을 유기적으로 결합시켰다. 본문 내용은 전체적으로 중국어의 기본적인 규범을 갖춘 동시에 자연스러운 이야기 전개가 가능하게 하여 학습자들이 쉽게 이해하고 기억하여 스스로 말할 수 있도록 배려하였다. 실용회화나 단문 등 모든 본문을 익숙해질 때까지 읽고 암기하면 학습에 큰 도움이 될 것이다.

일상용어(표현)

본문 중 중요한 표현과 해설이 필요한 사항에 대해 보충 설명하고 예문을 실어 이해를 돕는다.

문법

본문 중 새로 등장한 문법에 대해 설명하였다. 문법에 대한 설명은 최대한 간단명료하게 서술하였으며, 먼저 문법에 대한 구조적 설명을 간단하게 제시한 후 문장에서의 뜻과 기능을 설명하는 데 중점을 두었다. 또한 적합한 예문을 실어 충분히 이해할 수 있도록 구성하였다.

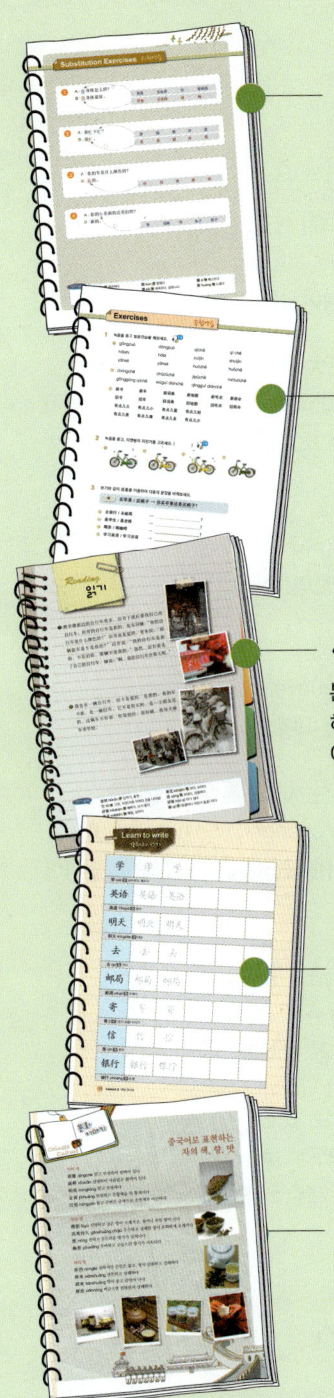

치환연습

일상용어와 문법에 나왔던 내용들을 좀 더 효과적으로 학습할 수 있도록 구성하였다. 주어진 단어 이외에도 다른 단어로 바꾸어 연습이 가능하므로, 지속적으로 학습한다면 큰 효과를 볼 수 있다.

종합연습

본 교재의 연습문제는 앞에서 학습한 본문과 일상용어, 문법 그리고 치환연습에서 반복하여 학습하였던 것들을 다방면으로 복습해 볼 수 있도록 듣기, 말하기, 읽기, 쓰기 문제를 골고루 구성하였다.

읽기

본문에서 배운 내용을 일기 또는 편지 등으로 각색하여 읽기 연습을 할 수 있게 구성하였다. 주인공들의 재미있고 흥미로운 뒷이야기가 공개되어 좀 더 적극적으로 학습이 가능하고, 동시에 중국어 독해 실력을 향상시킬 수 있다.

간체자 쓰기

본문에 등장하는 새 단어를 실제로 써 보는 페이지로, 한 단어를 한꺼번에 연습할 수 있어 단어를 암기하는 데 효과적이다.

문화이야기

중국이나 중국어에 대해 궁금했던 것이나 알고 싶은 것들을 시원하게 해결해준다. 중국에 대한 전반적인 내용으로 구성되어 중국어 학습이 한층 더 재미있어질 것이다.

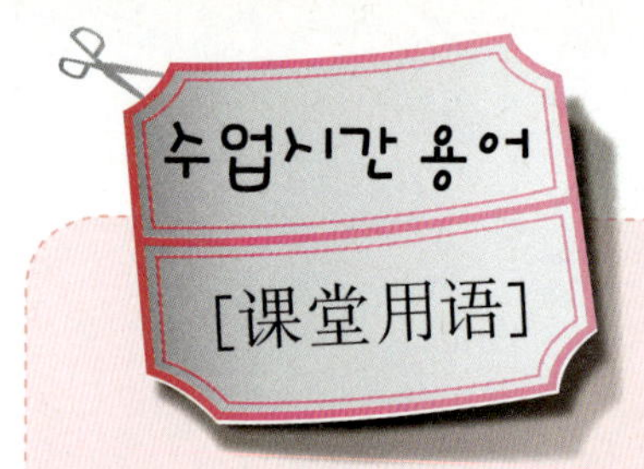

01 同学们好！现在上课。
Tóngxuémen hǎo! Xiànzài shàng kè.
학생 여러분, 안녕하세요? 수업을 시작하겠습니다.

02 请看黑板！
Qǐng kàn hēibǎn!
칠판을 보세요!

03 请听我发音！
Qǐng tīng wǒ fāyīn!
제가 발음하는 것을 들어 보세요!

04 听我说。
Tīng wǒ shuō.
제가 말하는 것을 들어 보세요.

05 跟我说。 / 跟我读。 / 跟我写。
Gēn wǒ shuō. / Gēn wǒ dú. / Gēn wǒ xiě.
저를 따라 말해 보세요. / 읽어 보세요. / 써 보세요.

06 再听一遍。 / 再读一遍。 / 再说一遍。 / 再写一遍。
Zài tīng yí biàn. / Zài dú yí biàn. / Zài shuō yí biàn. / Zài xiě yí biàn.
한 번 더 들어 보세요. / 읽어 보세요. / 말해 보세요. / 써 보세요.

07 现在开始听写。
Xiànzài kāishǐ tīngxiě.
지금부터 받아쓰기를 하겠습니다.

08 请打开书，翻到第○页。
Qǐng dǎkāi shū, fān dào dì ○ yè.
책을 펴고, O 페이지를 펴세요.

09 读课文，要大声朗读。
Dú kèwén, yào dàshēng lǎngdú.
본문을 읽고, 큰 소리로 낭독해야 합니다.

10 有问题请问。
Yǒu wèntí qǐng wèn.
질문이 있으면 물어보세요.

11 现在布置作业。
Xiànzài bùzhì zuòyè.
지금부터 숙제를 내겠습니다.

12 预习新课的生词，要会读会写。
Yùxí xīn kè de shēngcí, yào huì dú huì xiě.
새로운 과의 단어를 예습하시고, 읽고 쓸 줄 알아야 합니다.

13 请看一下语法/注释。
Qǐng kàn yíxià yǔfǎ / zhùshì.
어법 / 주석을 좀 보세요.

14 请把作业交给我。
Qǐng bǎ zuòyè jiāo gěi wǒ.
숙제를 저에게 제출하세요.

15 下课。
Xià kè.
수업을 마칩니다.

01 **老师好！**
Lǎoshī hǎo!
선생님, 안녕하세요!

02 **请您再慢一点儿。**
Qǐng nín zài màn yìdiǎnr.
좀 더 천천히 해 주세요.

03 **请您再说一遍。**
Qǐng nín zài shuō yí biàn.
한 번 더 말씀해 주세요.

04 **请您再念一遍。**
Qǐng nín zài niàn yí biàn.
한 번 더 읽어 주세요.

05 **这个字/词怎么读？**
Zhè ge zì / cí zěnme dú?
이 글자 / 단어는 어떻게 읽습니까?

06 **这个词是什么意思？**
Zhè ge cí shì shénme yìsi?
이 단어는 무슨 뜻입니까?

07 **英语的/韩语的"……"汉语怎么说？**
Yīngyǔ de / Hányǔ de "……" Hànyǔ zěnme shuō?
영어의 / 한국어의 "……"는 중국어로 어떻게 말합니까?

08 **今天的作业是什么？**
Jīntian de zuòyè shì shénme?
오늘의 숙제는 무엇입니까?

09 **老师，他/她病了，不能来上课。**
Lǎoshī, tā bìng le, bù néng lái shàng kè.
선생님, 그 / 그녀는 병이 나서 수업에 올 수 없습니다.

10 **对不起，我迟到了。**
Duìbuqǐ, wǒ chídào le.
죄송합니다, 지각했습니다.

11 **谢谢老师！**
Xièxie lǎoshī!
감사합니다, 선생님!

12 **再见！**
Zàijiàn!
안녕히 계세요(가세요)!

품사의 약자 표시표

중국어	병음	영어	한국어	약호
名词	míngcí	noun	명사	n. / 名 / 명
代词 人称代词 指示代词 疑问代词	dàicí rénchéng dàicí zhǐshì dàicí yíwèn dàicí	pronoun	대사 인칭대사 지시대사 의문대사	pron. / 代 / 대
动词 助动词 （能愿动词）	dòngcí zhùdòngcí （néngyuàn dòngcí）	verb	동사 조동사 （능원동사）	v. / 动 / 동
形容词	xíngróngcí	adjective	형용사	adj. / 形 / 형
数词	shùcí	numeral	수사	num. / 数 / 수
量词 名量词 动量词 时量词	liàngcí míng liàngcí dòng liàngcí shí liàngcí	measute word	양사 명량사 동량사 시량사	m. / 量 / 양
副词	fùcí	adverb	부사	adv. / 副 / 부
介词	jiècí	preposition	개사	prep. / 介 / 개
连词	liáncí	conjunction	연사	conj. / 连 / 연
助词 动态助词 结构助词 语气助词	zhùcí dòngtài zhùcí jiégòu zhùcí yǔqì zhùcí	particle	조사 동태조사 구조조사 어기조사	part. / 助 / 조
叹词	tàncí	interjection	감탄사	int. / 叹 / 감
象声词	xiàngshēngcí	onomatopoeia	의성어	onom. / 象声 / 의성
前缀	qiánzhuì	prefix	접두사	pref. / 前缀 / 두
后缀	hòuzhuì	suffix	접미사	suf. / 后缀 / 미
成语	chéngyǔ	idiom	성어	idm. / 成 / 성

중국어	병음	영어	한국어	약호
主语	zhǔyǔ	subject	주어	S
谓语	wèiyǔ	predicate	위어	P
定语	dìngyǔ	attribute	정어	AT
状语	zhuàngyǔ	object	상어	O
宾语	bīnyǔ	adverbial	빈어	AD
补语	bǔyǔ	complement	보어	C
动宾结构	dòngbīn jiégòu	verb–object	동빈구조	VO
动补结构	dòngbǔ jiégòu	verb–complement	동보구조	VC
动词短语	dòngcí duǎnyǔ	verbal phrase	동사구	VP
形容词短语	xíngróngcí duǎnyǔ	adjectival phrase	형용사구	AP

1) **주어(主语)** _ 위어의 묘사, 서술, 판단, 설명의 대상이 되는 문장의 구성 성분이다.

2) **위어(谓语)** _ 주어를 묘사, 서술, 판단, 설명하는 문장의 구성 성분이다.

3) **정어(定语)** _ 명사의 앞에서 명사를 수식하는 문장의 구성 성분이다.

4) **상어(状语)** _ 동사나 형용사의 앞에서 이들을 수식하거나 또는 절 전체의 앞에서 절 전체를 수식하는 문장의 구성 성분이다.

5) **빈어(宾语)** _ 동사나 개사의 뒤에서 임시 손님으로 와 있는 문장의 구성 성분이다.

6) **보어(补语)** _ 동사나 형용사의 뒤에서 이들에게 보충 역할을 하는 문장의 구성 성분이다.

第一课

你的车是新的
还是旧的

Nǐ de chē shì xīn de háishi jiù de

당신의 자전거는 새 것입니까 아니면 헌 것입니까

발음(发音)　어조(语调) ①

회화(会话)　건강에 대해 묻기

문법(语法)　어기(语气)조사 了, 주위 위어문,
생략 의문문 呢, 有点儿,
선택 의문문 还是

1 어조(语调) ①

1) 선택 의문문의 어조
선택 의문문의 어조는 비교적 높으며 속도가 느리다. 선택하는 부분을 강하게 읽는데, 아래 문장을 예로 들면, 연사 还是는 약하게 읽고, 还是 앞부분은 높게, 还是 뒷부분은 낮게 읽는다.

你的车是新的还是旧的？↘
Nǐ de chē shì xīn de háishi jiù de?

你今天去还是明天去？↘
Nǐ jīntian qù háishi míngtian qù?

2) 생략 의문문의 어조
呢를 이용한 생략 의문문에서 呢 앞의 1음절 단어는 강하게 읽고, 문장의 뒷부분은 낮추어 읽는다.

笔呢？↘
Bǐ ne?

我去银行，你呢？↘
Wǒ qù yínháng, nǐ ne?

□01	经理	jīnglǐ	명 매니저, 사장, 지배인, 팀장
□02	好久	hǎojiǔ	명 오랜 시간
□03	啊	à	감 아!(길게 발음하여 명백하게 알았다는 뜻을 나타내는 감탄사)
□04	马马虎虎	mámahūhū	형 그저 그렇다, 대충대충 하다
□05	最近	zuìjìn	명 최근, 요즘
□06	刚	gāng	부 방금, 막, 바로
□07	开学	kāi xué	동 개학하다

✽ 开 kāi 동 열다, 시작하다

□08	有(一)点儿	yǒu (yì) diǎnr	부 조금, 약간

✽ 点儿 diǎnr 양 조금

□09	还是	háishi	연 아니면(선택을 표시하며 의문문을 만듦)
□10	咖啡	kāfēi	명 커피
□11	杯	bēi	명 양 컵, 잔 / 컵이나 잔 등을 세는 양사
□12	车	chē	명 차(자동차, 자전거 등)

✽ 自行车 zìxíngchē 명 자전거 | 汽车 qìchē 명 자동차, 버스
摩托车 mótuōchē 명 오토바이 | 出租车 chūzūchē 명 택시

□13	颜色	yánsè	명 색, 색깔
□14	蓝	lán	형 남색의, 파란
□15	辆	liàng	양 대(차, 자전거 등을 세는 양사)
□16	关	Guān	고유명사 관(성씨)

상황 1 연구실에서　관 사장님이 오랜만에 왕 선생님의 연구실을 찾았다.

您身体好吗
Nín shēntǐ hǎo ma

关经理：王老师，好久不见[1]了[1]。
Wáng lǎoshī, hǎojiǔ bú jiàn le.

王老师：啊[2]！关经理，欢迎，欢迎！
À!　Guān jīnglǐ, huānyíng, huānyíng!

关经理：您身体好吗？
Nín shēntǐ hǎo ma?

王老师：很好。您身体怎么样[2]？
Hěn hǎo.　Nín shēntǐ zěnmeyàng?

关经理：马马虎虎。
Mámahūhū.

王老师：最近工作忙不忙？
Zuìjìn gōngzuò máng bu máng?

关经理：不太忙，您呢[3]？
Bú tài máng, nín ne?

王老师：刚开学，有点儿[4]忙。喝点儿[3]什么？ 茶还是[5]咖啡？
Gāng kāi xué, yǒudiǎnr máng.　Hē diǎnr shénme?　Chá háishi kāfēi?

关经理：喝杯茶吧！
Hē bēi chá ba!

상황 2 학교에서　수업이 끝나고, 장동과 전방이 자전거 보관소에서 전방의 자전거를 찾고 있다.

你的自行车是新的还是旧的

Nǐ de zìxíngchē shì xīn de háishi jiù de

田芳: 我的车呢？
Wǒ de chē ne?

张东: 你的车是什么颜色的？
Nǐ de chē shì shénme yánsè de?

田芳: 蓝的。
Lán de.

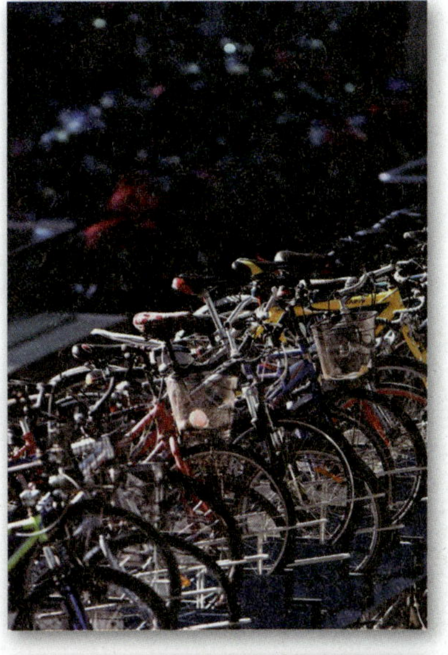

张东: 是新的还是旧的？
Shì xīn de háishi jiù de?

田芳: 新的。
Xīn de.

张东: 那辆蓝的是不是你的？
Nà liàng lán de shì bu shì nǐ de?

田芳: 哪辆？
Nǎ liàng?

张东: 那辆。
Nà liàng.

田芳: 不是。……啊，我的车在那儿呢。
Bú shì. ……　À, wǒ de chē zài nàr ne.

표 현 ❶

好久不见

'오랜만이네요!'라는 뜻으로, 여기서 好는 '좋다, 안녕하다'라는 형용사가 아니라, 뒤의 '오래되다'라는 형용사 久를 꾸며주는 부사적인 역할로 바뀌어 '꽤, 매우'의 뜻을 나타낸다. 직접적인 뜻은 '꽤 오래도록 보지 못했다'이다. 好는 형용사 또는 심리상태나 감정을 나타내는 동사의 앞에 있을 때 부사로 쓰인다. 또 好些, 好儿도 같은 용법이다.

표 현 ❷

啊，在那儿呢

감탄사 啊 à는 성조에 따라 의미가 달라지는데, 4성으로 읽으면, '이해하다, 알다', '그랬구나', '아!' 등의 뜻을 나타낸다.

(一)点儿

(一)点儿은 빈어를 가질 수 있는 동사 뒤에 붙어서 빈어로 쓰이며, '~을 좀 ~하다'라는 뜻으로 쓰인다. 一는 생략이 가능하다. 동사 뒤 빈어가 있을 때 빈어의 앞에서 정어로 쓰이는 것이다.

- 我吃一点儿。
  Wǒ chī yìdiǎnr.

- 再买一点儿。
  Zài mǎi yìdiǎnr.

- 我们喝点儿茶吧！
  Wǒmen hē diǎnr chá ba!

- 他去商店买点儿东西。
  Tā qù shāngdiàn mǎi diǎnr dōngxi.

문법 ❶ 어기(语气)조사 – 了

❶ 다음 예문의 了는 어기조사로 변화를 나타낸다. 즉 모르는 상태에서 알게 된 상태로의 변화이다.

- 啊，知道了。
  À, zhīdao le.

❷ 다음 예문의 了는 어기조사로 일어난 사실을 나타낸다. 즉 잊은 사실을 인정하는 것이다.

- 啊，是我忘了。
  À, shì wǒ wàng le.

❸ 다음 예문의 了는 어기조사로 동사 앞에 있는 시량사(时量词) 뒤에 쓰여서 말할 때까지의 시간 흐름을 나타낸다.

- 好久不见了。
  Hǎojiǔ bú jiàn le.

문법 ❷ 주위 위어문

주위구([주어＋위어] 구조)가 위어가 되어 주어를 설명하거나 묘사하는 문장을 주위 위어문이라고 한다.

주어❶	위어	
	주어❷	위어
我	身体	很 好。
她	工作	很 忙。

- A : 你身体怎么样?
  Nǐ shēntǐ zěnmeyàng?
- B : 我身体很好。
  Wǒ shēntǐ hěn hǎo.

- A : 她工作忙不忙?
  Tā gōngzuò máng bu máng?
- B : 她工作不忙。
  Tā gōngzuò bù máng.

이미 등장했던 내용을 다시 물을 때 문장 맨끝에 呢를 넣어 나왔던 부분을 생략하여 묻는다.

생략 의문문에는 두 가지 용법이 있다.

❶ 앞뒤 문장에 문맥상의 상황이 나와 있지 않은 경우엔 '어디에 있나?' 또는 '어떤가' 를 묻는다.

· 我的书呢?
  Wǒ de shū ne?
（＝我的书在哪儿？）

· 我的自行车呢?
  Wǒ de zìxíngchē ne?
（＝我的自行车在哪儿？）

· 我去呢?
  Wǒ qù ne?
（＝我去怎么样？）

· 你不来，他来呢?
  Nǐ bù lái, tā lái ne?
（＝他来怎么样？）

❷ 앞뒤 문장이 있으면 질문의 내용은 앞뒤 문장을 보고 판단한다. 주로 앞에서 질문 했던 내용을 생략하여 물어본다.

· A : 这是谁的包儿?
    Zhè shì shéi de bāor?

  B : 我的。
    Wǒ de.

  A : 那个呢? （＝那个包儿是谁的？）
    Nà ge ne?

  B : 我朋友的。
    Wǒ péngyou de.

· A : 你是哪国人?
    Nǐ shì nǎ guó rén?

  B : 我是英国人。你呢? （＝你是哪国人？）
    Wǒ shì Yīngguórén. Nǐ ne?

  A : 我是日本人。
    Wǒ shì Rìběnrén.

정도부사 有点儿은 '좀, 약간'의 뜻으로 형용사나 심리상태를 나타내는 동사 앞에 쓰여, 화자의 불만이나 싫어하는 감정을 나타낸다.

- 我最近有点儿忙。
  Wǒ zuìjìn yǒudiǎnr máng.

- 他最近有点儿不舒服。
  Tā zuìjìn yǒudiǎnr bù shūfu.

- 这件衣服有点儿贵。
  Zhè jiàn yīfu yǒudiǎnr guì.

두 가지 이상의 대답이 나올 것으로 추측될 때 还是를 이용하여 선택 의문문으로 묻는다.

- A : 你的车是新的还是旧的?
  Nǐ de chē shì xīn de háishi jiù de?
  B : 我的车是新的。
  Wǒ de chē shì xīn de.

- A : 你今天去还是明天去?
  Nǐ jīntian qù háishi míngtian qù?
  B : 我明天去。
  Wǒ míngtian qù.

- A : 你喝点儿什么? 茶还是咖啡?
  Nǐ hē diǎnr shénme? Chá háishi kāfēi?
  B : 喝点儿茶吧。
  Hē diǎnr chá ba.

보충단어

忘 wàng 동 잊다   包儿 bāor 명 가방   舒服 shūfu 형 편안하다, 상쾌하다
贵 guì 형 (가격이) 비싸다

1

A：你身体怎么样？
B：我身体很好。

| 爸爸 | 王老师 | 他 | 你妈妈 |
| 爸爸 | 王老师 | 他 | 她 |

2

A：你忙不忙？
B：很忙。

| 累 | 困 | 饿 | 冷 | 渴 |

3

A：你的车是什么颜色的？
B：蓝的。

| 白 | 红 | 黄 | 黑 | 绿 |

4

A：你的车是新的还是旧的？
B：新的。

| 包儿 | 词典 | 书 | 本子 | 箱子 |

보충단어

累 lèi 형 피곤하다	困 kùn 형 졸립다	饿 è 형 배고프다
冷 lěng 형 춥다	渴 kě 형 목마르다, 갈증나다	黄 huáng 형 노랗다
黑 hēi 형 검다	绿 lǜ 형 푸르다	

1 녹음을 듣고 발음연습을 해 보세요.  1-4

① gōngzuò　　dòngzuò　　qìchē　　qí chē

háishi　　háizi　　zuìjìn　　shuǐjīn

yánsè　　yǎnsè　　huòzhě　　huǒchē

② zìxíngchē　　chūzūchē　　jípǔchē　　mótuōchē

gōnggòng qìchē　　wúguǐ diànchē　　qīngguǐ diànchē

③ 新书　　新车　　新词典　　新地图　　新毛衣　　新雨伞

旧书　　旧车　　旧词典　　旧地图　　旧毛衣　　旧雨伞

有点儿大　　有点儿小　　有点儿重　　有点儿轻

有点儿贵　　有点儿难　　有点儿多　　有点儿少

2 녹음을 듣고, 전방의 자전거를 고르세요. (　　　) 1-5

3 다음 예와 같이 还是를 이용하여 다음의 문장을 바꿔 보세요.

예　　买苹果 / 买橘子 → 你买苹果还是买橘子?

① 去银行 / 去邮局　　→ _______________________?

② 是学生 / 是老师　　→ _______________________?

③ 喝茶 / 喝咖啡　　→ _______________________?

④ 学习英语 / 学习法语　　→ _______________________?

4 다음 예와 같이 문장을 연습하세요.

> 这是我的箱子。 → <u>这个箱子是我的。</u>

❶ 这是一件红毛衣。 → _______________________。

❷ 这是王老师的书。 → _______________________。

❸ 这是一辆新车。 → _______________________。

❹ 那是妹妹的信。 → _______________________。

5 그림을 보고, 아래의 예와 같이 옆 사람과 대화해 보세요.

> 예 
> A：你喝<u>茶</u>还是<u>咖啡</u>?
> B：喝<u>咖啡</u>吧。
>
> 茶 / 咖啡

❶  包子 / 饺子

❷  衣服 / 香水

❸  银行 / 邮局

❹  书 / 电影

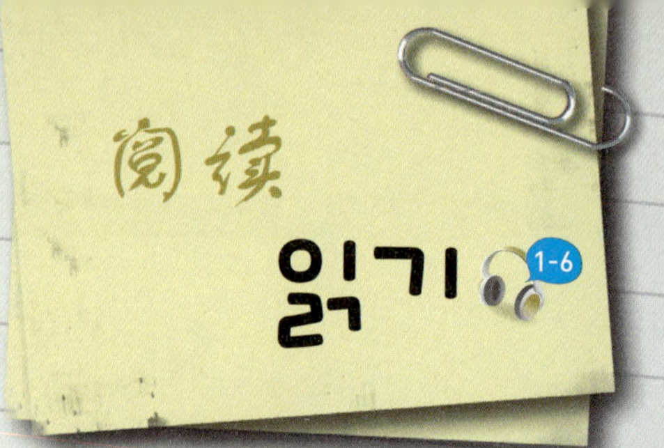

❶ 教学楼前边的自行车很多。田芳下课后要找自己的自行车。田芳的自行车是新的。张东问她："你的自行车是什么颜色的?"田芳说是蓝的。张东说："那辆蓝车是不是你的?"田芳说："我的自行车是新的，不是旧的，那辆不是我的。"忽然，田芳看见了自己的自行车，她说："啊，我的自行车在那儿呢。"

❷ 我也有一辆自行车，但不是蓝的，是黑的。我的车不新，是一辆旧车。它不是我买的，是一个朋友送的。这辆车不好看，但是很轻，很好骑，我每天骑车来学校。

보충단어

忽然 hūrán 부 갑자기, 홀연
它 tā 대 그것, 저것(사람 이외의 것을 나타냄)
好看 hǎokàn 형 예쁘다, 보기 좋다
每天 měi tiān 명 매일, 날마다
来 lái 동 오다

看见 kànjian 동 보이다, 눈에 띄다
送 sòng 동 보내다, 선물하다
好骑 hǎo qí 타기 쉽다
骑 qí 동 (동물이나 자전거 등을) 타다

经理	经理	经理			

经理 jīnglǐ 명 매니저, 사장, 지배인, 팀장

好久	好久	好久			

好久 hǎojiǔ 명 오랜 시간

最近	最近	最近			

最近 zuìjìn 명 최근, 요즘

刚	刚	刚			

刚 gāng 부 방금, 막, 바로

开学	开学	开学			

开学 kāi xué 동 개학하다

还是	还是	还是			

还是 háishi 연 아니면(선택을 표시하며 의문문을 만듦)

咖啡	咖啡	咖啡			

咖啡 kāfēi 명 커피

车	车	车			

车 chē 명 차(자동차, 자전거 등)

第二课

你们公司有多少职员

Nǐmen gōngsī yǒu duōshao zhíyuán

당신의 회사에는 몇 명의 직원이 있습니까

발음(发音) 문장의 중음(句重音) ①

회화(会话) 가족 소개하기

문법(语法) 어림수 多

❶ 문장의 중음(句重音) ①

1) 인칭대사가 정어로 쓰일 때, 정어는 강하게 읽지 않고 피수식어인 중심어를 강하게 읽는다.

> 这是我**爸爸**。
> Zhè shì wǒ bàba.
>
> 那是她**弟弟**。
> Nà shì tā dìdi.

2) 수량사가 정어로 쓰일 때, 수사는 강하게 읽고, 양사는 가볍게 읽는다. 단 1(一 yī)는 제외된다.

> 我有**两**个妹妹。
> Wǒ yǒu liǎng ge mèimei.
>
> 我有**三**个本子。
> Wǒ yǒu sān ge běnzi.

3) 一 yī와 양사가 정어로 쓰일 때는 강하게 읽지 않는다.

> 他有一个姐姐。
> Tā yǒu yí ge jiějie.

☐ 01	全	quán	형 부 전체의 / 전부
☐ 02	照片	zhàopiàn	명 사진
☐ 03	看	kàn	동 보다
☐ 04	姐姐	jiějie	명 누나, 언니
☐ 05	只	zhǐ	부 단지, 다만, 오직
☐ 06	做	zuò	동 하다, 일하다, 만들다
☐ 07	大夫	dàifu	명 의사
☐ 08	医院	yīyuàn	명 병원
☐ 09	公司	gōngsī	명 회사
☐ 10	商店	shāngdiàn	명 상점
☐ 11	律师	lǜshī	명 변호사
☐ 12	外贸	wàimào	명 대외 무역
☐ 13	小	xiǎo	형 작다
☐ 14	大概	dàgài	부 대강(의), 대중, 아마
☐ 15	多	duō	형 많다
☐ 16	外国	wàiguó	명 외국

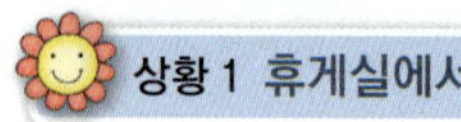

상황 1 휴게실에서　마이크와 마리가 함께 마리의 가족사진을 보고 있다.

你家有几口人

Nǐ jiā yǒu jǐ kǒu rén

麦克：　你家有几口人？
Nǐ jiā yǒu jǐ kǒu rén?

玛丽：　我家有五口人，爸爸、妈妈、哥哥、姐姐和我。
Wǒ jiā yǒu wǔ kǒu rén, bàba、māma、gēge、jiějie hé wǒ.

麦克：　你有没有全家的照片？
Nǐ yǒu méiyǒu quán jiā de zhàopiàn?

玛丽：　有一张。你看，这是我们全家的照片。
Yǒu yì zhāng.　Nǐ kàn, zhè shì wǒmen quán jiā de zhàopiàn.

　　　　你有哥哥姐姐吗？
Nǐ yǒu gēge jiějie ma?

麦克：　我没有哥哥，也没有姐姐，只有两个弟弟。
Wǒ méiyǒu gēge, yě méiyǒu jiějie, zhǐ yǒu liǎng ge dìdi.

玛丽：　你爸爸、妈妈做什么工作？
Nǐ bàba、māma zuò shénme gōngzuò?

麦克：　我妈妈是大夫，在医院工作，
Wǒ māma shì dàifu, zài yīyuàn gōngzuò,

　　　　爸爸是一家公司的经理。
bàba shì yì jiā gōngsī de jīnglǐ.

玛丽：　我妈妈在商店工作，
Wǒ māma zài shāngdiàn gōngzuò,

　　　　爸爸是律师。
bàba shì lǜshī.

⭐ **상황 2 연구실에서**　왕 선생님과 관 사장님이 차를 마시며 이야기를 나누고 있다.

你们公司有多少职员

Nǐmen gōngsī yǒu duōshao zhíyuán

王老师：你们是一家[1]什么公司？
Nǐmen shì yì jiā shénme gōngsī?

关经理：是一家外贸公司。
Shì yì jiā wàimào gōngsī.

王老师：是一家大公司吗？
Shì yì jiā dà gōngsī ma?

关经理：不大，是一家比较小的公司。
Bú dà, shì yì jiā bǐjiào xiǎo de gōngsī.

王老师：有多少职员？
Yǒu duōshao zhíyuán?

关经理：大概有一百多[1]个职员。
Dàgài yǒu yìbǎi duō ge zhíyuán.

王老师：都是中国职员吗？
Dōu shì Zhōngguó zhíyuán ma?

关经理：不都是[2]中国职员，
Bù dōu shì Zhōngguó zhíyuán,

也有外国职员。
yě yǒu wàiguó zhíyuán.

표 현 ❶

家

본문의 家는 집을 나타내는 명사가 아니라, 가정이나 기업을 세는 양사로 쓰였다.
중국어에서는 건물의 성격에 따라 사용되는 양사가 다른데 家는 상점, 공장, 호텔
등 이익을 추구하는 곳을 셀 때 쓰이고, 학교 등의 공공기관은 所 suǒ로 센다.

一家人家 yì jiā rénjiā

一家商店 yì jiā shāngdiàn

一家公司 yì jiā gōngsī

一家医院 yì jiā yīyuàn

一所学校 yì suǒ xuéxiào

一所房子 yì suǒ fángzi

一所监狱 yì suǒ jiānyù

표 현 ❷

不都是中国职员

不都是는 부분을 부정하고, 都不是는 전체를 부정한다.

- (三个日本人 + 四个美国人) → 他们不都是美国人。
  Tāmen bù dōu shì Měiguórén.

- (三个日本人 + 四个中国人) → 他们都不是美国人。
  Tāmen dōu bú shì Měiguórén.

문 법 ❶　어림수 多

중국어에서 어림수를 나타내는 형식이 많은데 그 중에 多를 이용한 표현법이다. 큰 단위의 숫자 뒤의 구체적인 숫자를 생략하고 대신 多를 쓰면 된다.

多를 이용한 어림수 표현을 살펴 보자.

- 52个　　　→ 五十多个 wǔshí duō ge
- 215个　　→ 两百多个 liǎngbǎi duō ge
- 3,221个　→ 三千多个 sānqiān duō ge

• 我有五千多块钱。
  Wǒ yǒu wǔqiān duō kuài qián.

• 他有三十多件衣服。
  Tā yǒu sānshí duō jiàn yīfu.

1

A：你有几本 词典?
B：两本。

个	件	支	张
数码相机	毛衣	笔	光盘

2

A：你有没有中国地图?
B：没有。

数码相机	自行车	弟弟	妹妹
中文杂志	手机		

3

A：你们班有多少（个）学生?
B：我们班有十八 个 学生。

女同学	桌子	椅子	词典
十	二十	十九	十八
个	张	把	本

4

A：你爸爸在哪儿工作?
B：我爸爸在公司工作。

医院	大学	银行	邮局
书店	商店		

보충단어

数码相机 shùmǎ xiàngjī 명 디지털 카메라　　毛衣 máoyī 명 스웨터
光盘 guāngpán 명 CD　　女同学 nǚ tóngxué 명 여학우, 여자동창생
桌子 zhuōzi 명 탁자, 테이블　　椅子 yǐzi 명 의자

1 녹음을 듣고 발음연습을 해 보세요.  2-4

① yīyuàn　　yìyuàn　　jīnglǐ　　jīnglì

　lǜshī　　lìshǐ　　gōngsī　　gōngshì

② zhàoxiàngjī　　jìsuànjī　　shèxiàngjī　　lùxiàngjī

　shōuyīnjī　　diànshìjī　　diànbīngxiāng　　xǐyījī

③ 有没有词典　　有没有车　　有没有哥哥　　有没有朋友

　在医院工作　　在大学学习　　在银行换钱　　在食堂吃饭

　二十本书　　三十多辆车　　五十多把椅子　　一百多张照片

2 녹음을 듣고, 마리의 가족사진을 고르세요. (　　　)  2-5

① 　　② 

③ 　　④ 

3 다음 단어를 조합하여 올바른 문장을 만들어 보세요.

① 没有　他　哥哥　妹妹　和　　→ ＿＿＿＿＿＿＿＿＿＿＿＿＿＿＿＿。

② 几个　有　你　中国朋友　　→ ＿＿＿＿＿＿＿＿＿＿＿＿＿＿＿＿？

③ 你们　多少　班　有　学生　　→ ＿＿＿＿＿＿＿＿＿＿＿＿＿＿＿＿？

④ 你　没有　中国地图　有　　→ ＿＿＿＿＿＿＿＿＿＿＿＿＿＿＿＿？

4 다음 예와 같이 빈칸에 알맞은 질문을 써 넣으세요.

> 예 A : 你家有几口人?
> B : 我家有六口人。

❶ A: _________________________?

B: 我有四本中文书。

❷ A: _________________________?

B: 他有三个中国朋友。

❸ A: _________________________?

B: 这个公司有20多个职员。

5 다음 예와 같이 有의 정반 의문문을 만들어 보세요.

> 예 A : 你有没有《汉英词典》?
> B : 我没有《汉英词典》。

❶ A: _________________________?

B: 她没有世界地图。

❷ A: _________________________?

B: 我们班没有美国学生。

❸ A: _________________________?

B: 他有中文杂志。

6 다음 빈칸에 알맞은 양사를 써 넣으세요.

❶ 2 _______ 箱子 　　❷ 7 _______ 照片

❸ 4 _______ 毛衣 　　❹ 3 _______ 椅子

❺ 1 _______ 自行车 　　❻ 6 _______ 啤酒

❼ 5 _______ 公司 　　❽ 10 _______ 医院

我叫山本。我家有四口人，爸爸、妈妈、姐姐和我。爸爸是一家医院的大夫，他每天工作都很忙。妈妈不工作，在家做家务。姐姐是一家银行的职员，工作也很忙。我是北京语言大学的留学生，我学习汉语。姐姐有一个男朋友，姐姐说她的男朋友很好，我很高兴。我还没有男朋友，但我有很多朋友，有日本朋友，也有外国朋友。

写汉字
간체자 쓰기

全	全	全			

全 quán 형 부 전체의 / 전부

照片	照片	照片			

照片 zhàopiàn 명 사진

看	看	看			

看 kàn 동 보다

姐姐	姐姐	姐姐			

姐姐 jiějie 명 누나, 언니

只	只	只			

只 zhǐ 부 단지, 다만, 오직

做	做	做			

做 zuò 동 하다, 일하다, 만들다

大夫	大夫	大夫			

大夫 dàifu 명 의사

医院	医院	医院			

医院 yīyuàn 명 병원

중국어로 표현하는 차의 색, 향, 맛

차의 색

清澈 qīngchè 맑고 투명하여 광택이 있다
新鲜 xīnxian 선명하며 아름답고 활력이 있다
明亮 míngliàng 맑고 투명하다
金黄 jīnhuáng 투명하고 주황색을 띤 황색이다
红艳 hóngyàn 붉고 주변은 금색으로 호박색과 비슷하다

차의 향

馥郁 fùyù 선명하고 짙은 향이 오래가고, 꽃이나 과일 향이 난다
高爽持久 gāoshuǎng chíjiǔ 우수하고 상쾌한 향이 온화하게 오래가다
浓 nóng 진하고 부드러운 향기가 넘쳐나다
幽香 yōuxiāng 우아하고 고급스런 향기가 지속되다

차의 맛

浓烈 nóngliè 진하지만 쓴맛은 없고, 향이 달콤하고 상쾌하다
鲜爽 xiānshuǎng 산뜻하고 상쾌하다
甜爽 tiánshuǎng 맛이 좋고 단맛이 난다
鲜浓 xiānnóng 머금으면 진하면서 상쾌하다

第三课

你常去图书馆吗

Nǐ cháng qù túshūguǎn ma

당신은 자주 도서관에 갑니까

발음(发音) 문장의 중음(句重音) ②

회화(会话) 생활에 대해 이야기하기

문법(语法) 还是와 或者

1 문장의 중음(句重音) ②

1) 문장에서 상어는 일반적으로 강하게 읽는다.

> 她**常常**去图书馆。
> Tā chángcháng qù túshūguǎn.
>
> 我**很少**看电视。
> Wǒ hěn shǎo kàn diànshì.
>
> 你**晚上**做什么?
> Nǐ wǎnshang zuò shénme?

2) 상어로 쓰인 부정부사는 부정을 강조하지 않을 때 강하게 읽지 않는다.

> 她不常看电影。
> Tā bù cháng kàn diànyǐng.

3) '……, 好吗 ?'로 질문할 때, 好는 강하게 읽고, 문미를 올린다.

> 你跟我一起去，**好**吗? ↗
> Nǐ gēn wǒ yìqǐ qù, hǎo ma?

□01	现在	xiànzài	몡 지금, 현재
□02	跟	gēn	개 동 ~와(과) / 뒤따르다
□03	一起	yìqǐ	부 같이, 함께
□04	咱们	zánmen	대 우리(들)
□05	走	zǒu	동 가다, 걷다, 떠나다
□06	常(常)	cháng(cháng)	부 자주, 때때로
□07	有时候	yǒu shíhou	때로(는), 이따금, 가끔

＊时候 shíhou 몡 시간, 동안, 시각, 때

□08	借	jiè	동 빌리다, 꾸다
□09	上网	shàng wǎng	동 인터넷을 하다

＊网 wǎng 몡 인터넷

□10	查	chá	동 찾아보다
□11	资料	zīliào	몡 자료
□12	总(是)	zǒng(shì)	부 늘, 줄곧, 언제나, 항상
□13	安静	ānjìng	형 조용하다, 고요하다
□14	复习	fùxí	동 복습하다
□15	课文	kèwén	몡 (교과서 중의) 본문
□16	预习	yùxí	동 예습하다
□17	或者	huòzhě	연 또는, 혹은
□18	练习	liànxí	몡 동 연습 / 연습하다
□19	聊天儿	liáo tiānr	동 이야기하다, 잡담하다
□20	收发	shōufā	동 받고 보내다

＊收 shōu 동 받다 ┃ 发 fā 동 보내다, 발송하다

□21	伊妹儿 (电子邮件)	yīmèir (diànzǐyóujiàn)	몡 이메일
□22	电影	diànyǐng	몡 영화
□23	电视剧	diànshìjù	몡 TV 드라마

＊电视 diànshì 몡 텔레비전

□24	宿舍	sùshè	몡 기숙사, 숙소
□25	公园	gōngyuán	몡 공원
□26	超市	chāoshì	몡 슈퍼마켓

상황 1 학교에서　마리와 마이크가 대화를 나누며 도서관으로 가고 있다.

你常去图书馆吗
Nǐ cháng qù túshūguǎn ma

玛丽：我现在去图书馆，你跟我一起去，好吗[1]？
Wǒ xiànzài qù túshūguǎn, nǐ gēn wǒ yìqǐ qù, hǎo ma?

麦克：好，咱们[2]走吧[3]。你常去图书馆吗？
Hǎo, zánmen zǒu ba.　　　Nǐ cháng qù túshūguǎn ma?

玛丽：常去。我常借书，也常在那儿看书。你呢？常去吗？
Cháng qù.　Wǒ cháng jiè shū, yě cháng zài nàr kàn shū.　　　Nǐ ne?　　　Cháng qù ma?

麦克：我也常去。有时候借书，有时候上网查资料，
Wǒ yě cháng qù.　　Yǒu shíhou jiè shū, yǒu shíhou shàng wǎng chá zīliào,

但不常在那儿看书。我总在宿舍看书。
dàn bù cháng zài nàr kàn shū.　　Wǒ zǒng zài sùshè kàn shū.

玛丽：你的宿舍安静吗？
Nǐ de sùshè ānjìng ma?

麦克：很安静。
Hěn ānjìng.

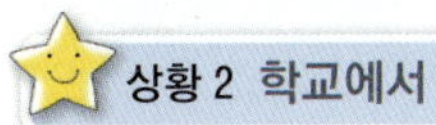

상황 2 학교에서　창호와 마리가 학교 교정의 의자에 앉아 이야기를 나누고 있다.

晚上你常做什么
Wǎnshang nǐ cháng zuò shénme

李昌浩： 晚上你常做什么？
Wǎnshang nǐ cháng zuò shénme?

玛丽： 复习课文，预习生词，或者[1]做练习。
Fùxí kèwén, yùxí shēngcí, huòzhě zuò liànxí.

有时候上网跟朋友聊天儿或者收发伊妹儿。
Yǒu shíhou shàng wǎng gēn péngyou liáo tiānr huòzhě shōufā yīmèir.

李昌浩： 我也是，我还常看中文电影和电视剧的DVD。
Wǒ yě shì, wǒ hái cháng kàn Zhōngwén diànyǐng hé diànshìjù de DVD.

你常看吗？
Nǐ cháng kàn ma?

玛丽： 我很少[4]看。
Wǒ hěn shǎo kàn.

李昌浩： 星期六和星期日你做什么？
Xīngqīliù hé xīngqīrì nǐ zuò shénme?

玛丽： 有时候在宿舍休息，
Yǒu shíhou zài sùshè xiūxi,

有时候跟朋友一起去公园玩儿或者去超市买东西。
yǒu shíhou gēn péngyou yìqǐ qù gōngyuán wánr huòzhě qù chāoshì mǎi dōngxi.

표 현 ❶

你跟我一起去，好吗?

평서문 끝에 '……, 好吗?'를 붙여서 만든 의문문은 상대방에게 제안하거나 동의를 구할 때 사용한다. 의논과 부탁의 의미도 있다.

- 晚上咱们去看电影，好吗?
  Wǎnshang zánmen qù kàn diànyǐng, hǎo ma?

- 你跟我一起去，好吗?
  Nǐ gēn wǒ yìqǐ qù, hǎo ma?

표 현 ❷

咱们走吧

咱们은 '우리'의 뜻으로, 말하는 사람과 듣는 사람을 모두 포함한다.
我们과 咱们은 다음과 같은 두 가지 용법으로 각각 쓰인다.

❶ 晚上咱们（我们）一起去吧。[말하는 사람과 듣는 사람을 모두 포함]
　Wǎnshang zánmen(wǒmen) yìqǐ qù ba.

❷ 你们是留学生，我们是中国学生，咱们是朋友。[我们은 듣는 사람은 불포함]
　Nǐmen shì liúxuéshēng, wǒmen shì Zhōngguó xuésheng, zánmen shì péngyou.

- 咱们家 [가족 간의 대화]
  zánmen jiā
- 咱们学校 [동창 간의 대화]
  zánmen xuéxiào

- 我们家 [가족일 수도 있고, 아닐 수도 있다]
  wǒmen jiā
- 我们学校 [동창일 수도 있고, 아닐 수도 있다]
  wǒmen xuéxiào

어기조사 吧 ②

어기조사 吧는 문장 끝에 쓰여 의논, 요구나 제의, 동의 등을 나타낸다.

• A : 咱们一起去吧。 [요구, 제의]
  Zánmen yìqǐ qù ba.

  B : 好吧。 [동의]
  Hǎo ba.

• A : 咱们走吧。 [요구, 제의]
  Zánmen zǒu ba.

  B : 走吧。 [동의]
  Zǒu ba.

我很少看

이 문장에서 很少는 형용사구로 '자주 ~하지 않는다', '드물다'는 뜻으로 문장에서 상어로 쓰인다. 그러나 很多는 상어로 쓰이지 않는다.

• 很少吃馒头。
  Hěn shǎo chī mántou.

• 很少出去玩儿。
  Hěn shǎo chūqù wánr.

• 很少看电视。
  Hěn shǎo kàn diànshì.

다음과 같은 표현은 쓰지 못한다.

• 很多看电视。 （×）　→　常常看电视。（○）
  Hěn duō kàn diànshì.　　　　 Chángcháng kàn diànshì.

문 법 ❶　　　**还是와 或者**

还是와 或者는 둘 다 '혹은'의 뜻이지만 그 용법이 다르다.

❶ 还是는 선택 의문문에 사용한다.

- A : 你喝茶还是喝咖啡?
  Nǐ hē chá háishi hē kāfēi?

  B : 我喝咖啡。
  Wǒ hē kāfēi.

- A : 你上午去还是下午去?
  Nǐ shàngwǔ qù háishi xiàwǔ qù?

  B : 下午去。
  Xiàwǔ qù.

❷ 或者는 평서문에 주로 사용한다.

- A : 星期天，你做什么?
  Xīngqītiān, nǐ zuò shénme?

  B : 我常常在宿舍看书或者跟朋友聊天儿。
  Wǒ chángcháng zài sùshè kàn shū huòzhě gēn péngyou liáo tiānr.

- 晚上我常常听音乐或者看电视。
  Wǎnshang wǒ chángcháng tīng yīnyuè huòzhě kàn diànshì.

1

A：你跟我一起去，好吗?
B：好吧。

| 玛丽 | 我朋友 | 她 | 他们 |
| 我们 | 老师 | | |

2

A：我常去图书馆，你呢?
B：我也常去。

去	看	锻炼	写
预习	复习		
阅览室	电视	身体	汉字
生词	课文		

3

A：你晚上常做什么?
B：我常做练习。

看	复习	预习	写
听	锻炼		
电视	语法	课文	汉字
音乐	身体		

4

A：你常去图书馆吗?
B：我不常去图书馆。

| 看电视 | 复习课文 | 预习生词 | 写信 |
| 借书 | 买杂志 | | |

보충단어

阅览室 yuèlǎnshì 명 열람실　　锻炼 duànliàn 동 단련하다, 운동하다
语法 yǔfǎ 명 어법

1 녹음을 듣고 다음 발음연습을 해 보세요.  3-4

① wǎnshang　　wǎng shàng　　xiūxi　　xiūlǐ

liànxí　　liánxì　　zīliào　　zhìliáo

shēngcí　　shēngzì　　yùxí　　fùxí

② túshūguǎn　　bówùguǎn　　dàshǐguǎn　　zhǎnlǎnguǎn

měishùguǎn　　tǐyùguǎn　　wénhuàguǎn　　tiānwénguǎn

③ 好吧　　去吧　　走吧　　喝吧

跟爸爸一起去　　跟同学一起学　　跟朋友一起看　　一起去吧

不常吃馒头　　不常喝啤酒　　不常看电影　　不常去公园

很少看书　　很少喝酒　　很少去图书馆　　很少吃面条

2 녹음을 듣고, 마이크가 도서관에서 하지 않는 행동을 고르세요. (　　　)  3-5

3 다음 보기에서 알맞은 단어를 선택하여 빈칸을 채우세요.

보기　有时候　　跟　　还是　　常　　或者　　有时候

① 晚上我不＿＿＿＿＿＿看电视。

② 明天你＿＿＿＿＿＿我一起去，怎么样?

③ 晚上我做练习＿＿＿＿＿＿看电视。

④ 星期天，我＿＿＿＿＿＿在宿舍休息，＿＿＿＿＿＿跟朋友一起玩儿。

⑤ 今天晚上你预习课文＿＿＿＿＿＿复习生词?

4 다음 단어를 조합하여 올바른 문장을 만들어 보세요.

❶ 我　看电影　很少　也　看电视　不　常

→ ________________________________

❷ 我　不　太　住的　安静　那个宿舍楼

→ ________________________________

❸ 我　上网　或者　查资料　跟　聊天儿　朋友　常

→ ________________________________

❹ 下午　跟玛丽　我　一起　银行　去

→ ________________________________

❺ 她　常　在图书馆　不　看　中文杂志

→ ________________________________

5 그림을 보고, 아래의 예와 같이 옆 사람과 대화해 보세요.

예

图书馆

A：你跟我一起去<u>图书馆</u>吧？

B：好吧。

❶ 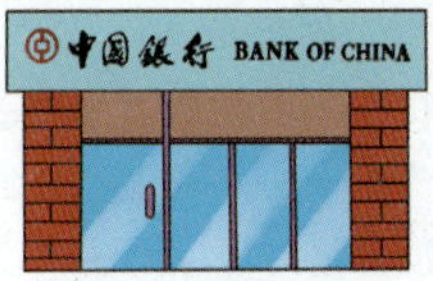

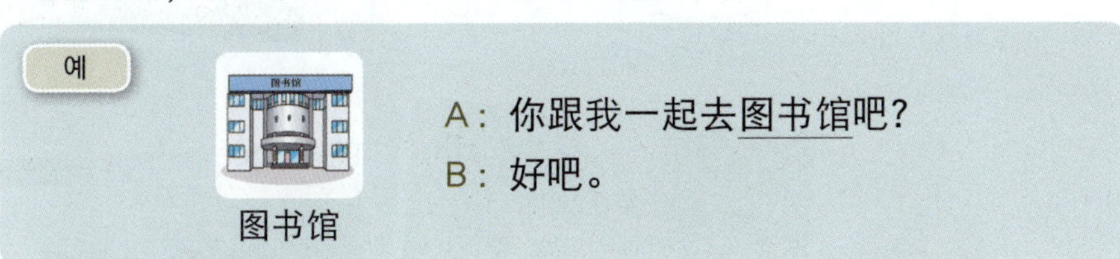

银行

❷ 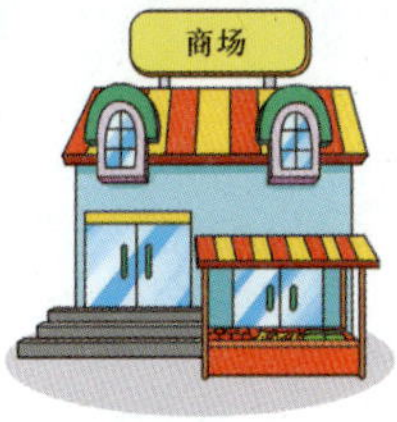

商场

❸ 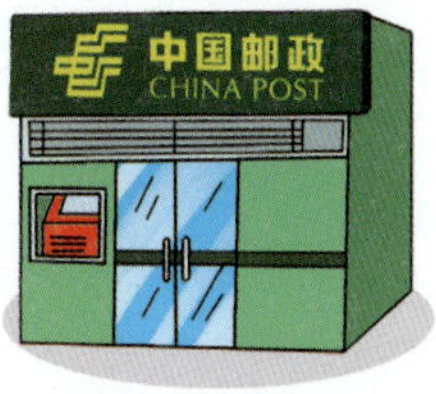

邮局

❹ 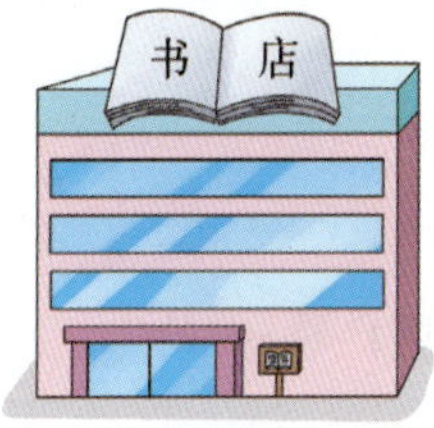

书店

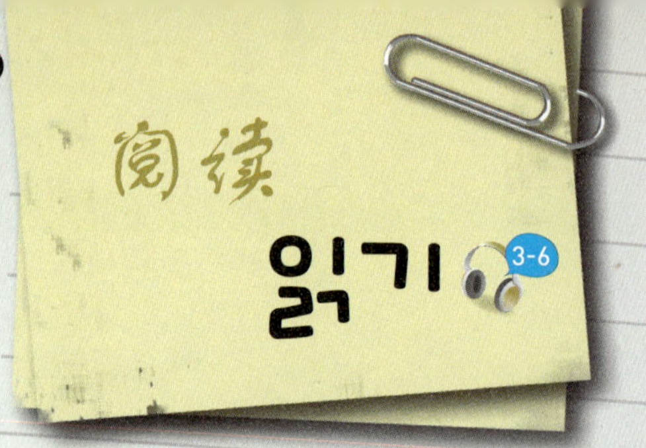

　　我的宿舍不太安静。所以下午我常去图书馆学习。我在那儿看书，看中文杂志，有时候还在那儿看中国电影和电视剧的DVD。现在我很少看英文的东西。有时候上网跟朋友聊天儿，收发电子邮件。

　　晚上，我常复习课文，预习生词，或者做练习，写汉字。

　　星期六和星期日，我在宿舍休息，有时候跟朋友去公园玩儿，或者去超市买东西。

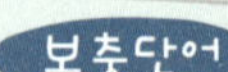

所以 suǒyǐ 연 그래서　　　　电子邮件 diànzǐyóujiàn 명 이메일

现在	现在	现在			

现在 xiànzài 명 지금, 현재

一起	一起	一起			

一起 yìqǐ 부 같이, 함께

咱们	咱们	咱们			

咱们 zánmen 대 우리(들)

有时候	有时候	有时候			

有时候 yǒu shíhou 때로(는), 이따금, 가끔

借	借	借			

借 jiè 동 빌리다, 꾸다

上网	上网	上网			

上网 shàng wǎng 동 인터넷을 하다

查	查	查			

查 chá 동 찾아보다

资料	资料	资料			

资料 zīliào 명 자료

新華書店
XINHUA BOOKSTORE
读正版书 获真才艺
中信银行
CHINA CITIC BANK
客服电话:95558
地铁
BEIJING SUBWAY
C
和平里北街站
HEPINGLIBEIJIE Station
5号线 Line 5
本站首末车时间
First/Last Train from This Station
往宋家庄
往天通苑北

第四课

他在做什么呢

Tā zài zuò shénme ne

그는 무엇을 하고 있습니까

1 문장의 중음(句重音) ③

1) 이중 빈어구의 직접 빈어에 중음을 주고 강하게 읽는다. 그러나 인칭대사가 동사의 직접 또는 간접 빈어로 쓰일 때는 약하게 읽는다.

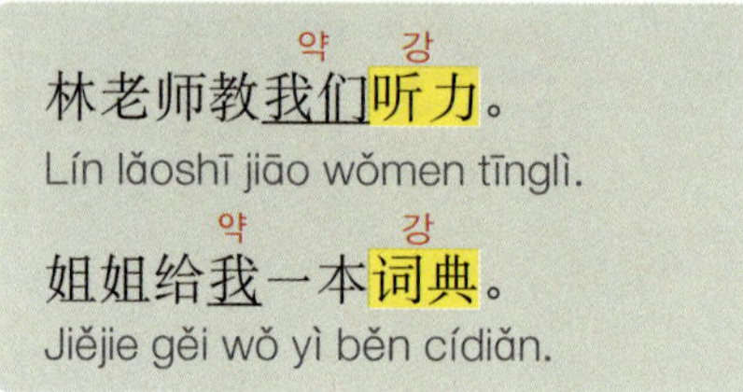

2) 문장의 끝에 吧가 붙는 의문문이나 명령문은 어조를 낮춘다.

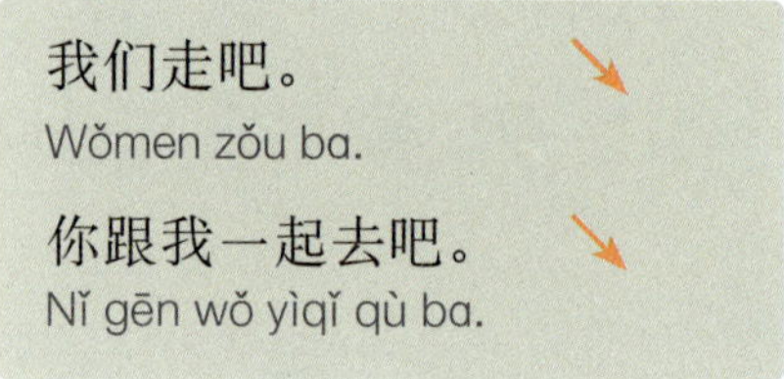

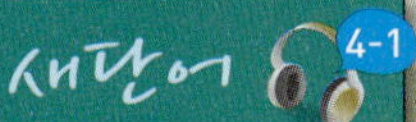

☐ 01	在	zài	부 ~하고 있다(진행을 나타냄)
☐ 02	出来	chūlai	동 (안에서 밖으로) 나오다
	* 来 lái 동 오다		
☐ 03	正在	zhèngzài	부 지금(막) ~하고 있다
☐ 04	音乐	yīnyuè	명 음악
☐ 05	没有	méiyǒu	동 가지고 있지 않다, ~이 아니다(부정)
☐ 06	正	zhèng	부 마침, 한창, 막
☐ 07	录音	lùyīn	명 동 녹음 / 녹음하다
☐ 08	事	shì	명 일, 사건
☐ 09	书店	shūdiàn	명 서점
☐ 10	想	xiǎng	동 조동 생각하다 / ~하고 싶다, ~하려 하다
☐ 11	汉英	Hàn-Yīng	중영(중국어-영어)
☐ 12	坐	zuò	동 앉다, (교통수단을) 타다
☐ 13	挤	jǐ	형 동 빽빽하다, 붐비다 / 비집다, 서로 밀치다
☐ 14	骑	qí	동 (자전거, 말 등을) 타다
☐ 15	行	xíng	동 형 걷다, 가다 / 좋다, 괜찮다
☐ 16	门	mén	양 가지, 과목(학문, 기술 등의 항목을 세는 양사)
☐ 17	课	kè	명 수업, 과목
☐ 18	综合	zōnghé	동 종합하다
☐ 19	口语	kǒuyǔ	명 회화, 말하기
☐ 20	听力	tīnglì	명 듣기
☐ 21	阅读	yuèdú	동 읽다, 열독하다
☐ 22	文化	wénhuà	명 문화
☐ 23	体育	tǐyù	명 체육
☐ 24	教	jiāo	동 가르치다

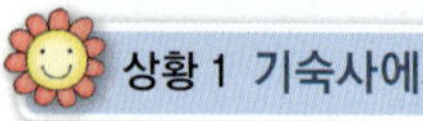

마리가 마이크를 찾으러 기숙사에 갔다.

他在做什么呢

Tā zài zuò shénme ne

玛丽去找麦克，她问麦克的同屋爱德华，麦克在不在宿舍……

玛丽： 麦克在宿舍吗？
Màikè zài sùshè ma?

爱德华： 在。
Zài.

玛丽： 他在[1]做什么呢[1]？
Tā zài zuò shénme ne?

爱德华： 我出来的时候，
Wǒ chūlai de shíhou,

他正在[1]听音乐呢。
tā zhèngzài tīng yīnyuè ne.

⋮

玛丽到麦克宿舍……

玛丽： 你是不是在听音乐呢？
Nǐ shì bu shì zài tīng yīnyuè ne?

麦克： 没有，我正[1]听课文录音呢。
Méiyǒu, wǒ zhèng tīng kèwén lùyīn ne.

玛丽： 下午你有事儿吗？
Xiàwǔ nǐ yǒu shìr ma?

麦克： 没有事儿。
Méiyǒu shìr.

玛丽： 我们 一起去书店，好吗？
Wǒmen yìqǐ qù shūdiàn, hǎo ma?

麦克： 你要买什么书？
Nǐ yào mǎi shénme shū?

玛丽： 我想² 买一本《汉英词典》。
Wǒ xiǎng mǎi yì běn 《Hàn – Yīng Cídiǎn》.

麦克： 咱们怎么去呢？
Zánmen zěnme qù ne?

玛丽： 坐车去吧。
Zuò chē qù ba.

麦克： 今天星期六，坐车太挤，
Jīntian xīngqīliù, zuò chē tài jǐ,

骑车去怎么样？
qí chē qù zěnmeyàng?

玛丽： 行²。
Xíng.

 전방과 마리가 음료를 마시며 이야기를 나누고 있다.

谁教你们语法
Shéi jiāo nǐmen yǔfǎ

田芳：　玛丽，你们有几门课？
Mǎlì, nǐmen yǒu jǐ mén kè?

玛丽：　现在只有四门课：综合课、口语课、听力课和阅读课。
Xiànzài zhǐ yǒu sì mén kè: zōnghé kè、kǒuyǔ kè、tīnglì kè hé yuèdú kè.

田芳：　有文化课和体育课吗？
Yǒu wénhuà kè hé tǐyù kè ma?

玛丽：　没有。
Méiyǒu.

田芳：　林老师教你们什么？
Lín lǎoshī jiāo nǐmen shénme?

玛丽：　她教我们听力和阅读。
Tā jiāo wǒmen tīnglì hé yuèdú.

田芳：　谁教你们综合课和口语课？
Shéi jiāo nǐmen zōnghé kè hé kǒuyǔ kè?

玛丽：　王老师。
Wáng lǎoshī.

표 현 ❶

怎么去呢？

어기조사 呢를 특수 의문문, 정반 의문문, 선택 의문문 끝에 사용하면, 문장의 어기가 완화되는 역할을 한다.

- A : 咱们怎么去呢？
  Zánmen zěnme qù ne?
  B : 骑车去吧。
  Qí chē qù ba.

- A : 你去不去呢？
  Nǐ qù bu qù ne?
  B : 我不去。
  Wǒ bú qù.

- A : 你上午去还是下午去呢？
  Nǐ shàngwǔ qù háishi xiàwǔ qù ne?
  B : 我上午去。
  Wǒ shàngwǔ qù.

표 현 ❷

行

동의를 나타낼 때 '좋아'라는 뜻으로 '行'이라고 말할 수 있다.

- A : 坐车去吧。
  Zuò chē qù ba.
  B : 行。
  Xíng.

- A : 明天我们一起去看电影，好吗？
  Míngtian wǒmen yìqǐ qù kàn diànyǐng, hǎo ma?
  B : 行。
  Xíng.

문 법 ❶　동작의 진행(正/在/正在＋동사 + 빈어＋[呢])

동사 앞에 부사 正, 在, 正在를 쓰거나, 문장 끝에 呢를 붙여 동작의 진행을 표시할 수 있다. 正, 在, 正在는 呢와 함께 사용할 수도 있다.

- A : 麦克正在做什么呢?

  Màikè zhèngzài zuò shénme ne?

  B : 他正在看电视呢。

  Tā zhèngzài kàn diànshì ne.

- A : 你在做什么呢?

  Nǐ zài zuò shénme ne?

  B : 我在听录音呢。

  Wǒ zài tīng lùyīn ne.

- A : 他们正做什么呢?

  Tāmen zhèng zuò shénme ne?

  B : 他们正上课呢。

  Tāmen zhèng shàng kè ne.

> **주의!** 正은 동작이 진행되는 시간에 중점을 두고, 在는 진행되는 동작이나 상태에 중점을 둔다. 그리고 正在는 특정 시간과 동작의 진행 상태를 둘 다 나타낸다.

진행형의 부정은 '没(有)'를 사용하여 표현한다.

- A : 麦克，你是不是在听音乐呢?

  Màikè, nǐ shì bu shì zài tīng yīnyuè ne?

  B : 我没有听音乐，我在听课文录音呢。

  Wǒ méiyǒu tīng yīnyuè, wǒ zài tīng kèwén lùyīn ne.

- A : 他们在上课吗?

  Tāmen zài shàng kè ma?

  B : 他们没上课，在休息呢。

  Tāmen méi shàng kè, zài xiūxi ne.

 是, 在, 叫, 有, 来, 去, 认识, 觉得 등의 동사는 진행을 나타내는 正, 在, 正在와 함께 사용할 수 없다.

- 正在是留学生呢。　　　（×）
  Zhèngzài shì liúxuéshēng ne.

문 법 ❷　　## 조동사 想

조동사 想은 동사 앞에 쓰여 화자의 희망, 소망을 나타낸다. 부정형은 不想으로 쓰며, 의문형은 문장 마지막에 吗를 붙이거나 想不想으로 정반 의문문을 만든다.

- A : 你想吃什么?
  Nǐ xiǎng chī shénme?

  B : 我想吃面条儿。
  Wǒ xiǎng chī miàntiáor.

- A : 你想去图书馆吗?
  Nǐ xiǎng qù túshūguǎn ma?

  B : 我不想去图书馆。
  Wǒ bù xiǎng qù túshūguǎn.

- A : 你想不想喝咖啡?
  Nǐ xiǎng bu xiǎng hē kāfēi?

  B : 我不想喝咖啡。
  Wǒ bù xiǎng hē kāfēi.

1
A : 他在做什么呢?
B : 他在听录音呢。

| 听音乐 | 看电视 | 读课文 | 预习生词 |
| 写汉字 | 复习语法 | | |

2
A : 我们怎么去?
B : 骑车去吧。

| 坐车 | 坐火车 | 坐飞机 | 走路 |
| 打的 | | | |

3
A : 林老师教你们什么?
B : 她教我们听力。

| 王老师 | 谢老师 | 马老师 | 张老师 |
| 语法 | 口语 | 阅读 | 汉字 |

보충단어

火车 huǒchē 명 기차　　　　　　　飞机 fēijī 명 비행기
走路 zǒu lù 동 (길을) 가다, 걷다　　打的 dǎ dī 동 택시를 타다

1　녹음을 듣고 발음연습을 해 보세요. (4-4)

① zěnme　　zhème　　shíhou　　shítou

yīnyuè　　Yīngyǔ　　shūdiàn　　shuǐ diàn

xiànzài　　gāngcái　　tǐyù　　dìlǐ

② gōnggòng cèsuǒ　　gōnggòng jiāotōng

gōngyòng diànhuà　　gōngguān xiǎojie

③ 他在听音乐　　我在看信　　他在看电视

正看电视呢　　正听录音呢　　正跟朋友聊天呢

正在写信呢　　正在打电话呢　　正在买东西呢

王老师教我们语法　　我问你一个问题　　姐姐给我一本词典

2　녹음을 듣고, 아래의 문장이 대화 내용과 일치하는지 ○/× 로 판단하세요. (4-5)

① 麦克正在复习生词呢。　　（　　　　）

② 麦克明天没有事儿。　　（　　　　）

③ 玛丽明天想去商店。　　（　　　　）

④ 他们明天要骑自行车去。　　（　　　　）

3　다음 단어를 조합하여 올바른 문장을 만들어 보세요.

① 教　林老师　阅读　我们　听力　和

→ ________________________ 。

② 问题　老师　我们　常常　问

→ ________________________ 。

③ 常常　我　老师　问题　的　回答

→ ________________________ 。

④ 买《汉英词典》　他　想　正　去书店　呢

→ ________________________ 。

4 다음 예와 같이 제시된 동사에 어울리는 빈어를 자유롭게 적어 보세요.

| 예 | 去： | 去哪儿 | 去书店 | 去教室 | 去邮局 |

① 复习： 复习________ 复习________ 复习________ 复习________

② 预习： 预习________ 预习________ 预习________ 预习________

③ 看： 看________ 看________ 看________ 看________

④ 教： 教________ 教________ 教________ 教________

⑤ 喝： 喝________ 喝________ 喝________ 喝________

⑥ 坐： 坐________ 坐________ 坐________ 坐________

5 그림을 보고, 다음 보기에 빈칸을 채워 옆 사람과 대화해 보세요.

| 보기 | A： 他/她(们)正在做什么？ |
| | B： ________________________________。 |

① ② ③ ④

⑤ ⑥ ⑦ ⑧

① 玛丽来找我的时候，我正在听课文录音呢。我问她有什么事，她说，下午要去书店买书，问我想不想跟她一起去。我也正想去书店。我问她要买什么书，她说，她没有《汉英词典》，想买一本。我也想买一本《汉英词典》。我问她怎么去，她说坐车去，我说，今天星期六，坐车太挤，书店不太远，骑车去比较好。她说行。下午，我们一起骑车去书店。

② 玛丽要买电话卡，她问服务员："小姐，有电话卡吗？"小姐问："你要100块的还是要50块的？"玛丽说："我要100块的。"小姐问："要几张？"玛丽说："只要一张。"

远 yuǎn 형 멀다	比较 bǐjiào 동 부 비교하다 / 비교적, 좀
电话卡 diànhuà kǎ 명 전화카드	服务员 fúwùyuán 명 종업원, 안내원

挤	挤	挤			

挤 jǐ 형 동 빽빽하다, 붐비다 / 비집다, 서로 밀치다

骑	骑	骑			

骑 qí 동 (자전거, 말 등을) 타다

综合	综合	综合			

综合 zōnghé 동 종합하다

口语	口语	口语			

口语 kǒuyǔ 명 회화, 말하기

听力	听力	听力			

听力 tīnglì 명 듣기

阅读	阅读	阅读			

阅读 yuèdú 동 읽다, 열독하다

文化	文化	文化			

文化 wénhuà 명 문화

体育	体育	体育			

体育 tǐyù 명 체육

동물에 대한 중국인들의 생각

개(狗 gǒu)

중국어에서 狗자가 들어 있는 말들은 기본적으로 '욕'을 나타낸다. 현대 경극 가운데 유명한 작품인 《红灯记 Hóngdēngjì》 중에서 주인공 이옥화의 어머니는 비밀경찰이 집 앞에서 감시하고 있는 것을 알고 집으로 돌아온 이옥화에게 "外面有狗！Wàimiàn yǒu gǒu! (밖에 개가 있어!)"라고 말을 한다. 이때 狗는 바로 비밀경찰을 가리키는 말이다. 우리가 개를 좋아하면서도 욕에 흔히 그 이름을 붙이는 것과 비슷하다.

돼지(猪 zhū)

중국인에게 인상이 가장 좋지 않은 동물은 돼지이다. 머리를 쓸 줄 모르는 어리석은 사람을 가리켜 중국인들은 '猪脑子 zhū nǎozi (돼지 머리)'라고 부른다. 중국인들은 돼지가 게으르고 잠이 많은 동물이라 생각하여, 늦잠 자기를 좋아하는 사람을 비유하기도 한다.

소(牛 niú)

牛자를 포함한 말들도 대부분 그 뜻이 별로 좋지 않다. 예를 들어 '吹牛 chuī niú'는 허풍을 떨거나 큰소리치는 것을 가리키는 말이고, '牛头不对马嘴 niútóu bú duì mǎzuǐ'는 '소의 대가리가 말 주둥이에 맞지 않다' 즉 함부로 말을 지껄이는 것, 동문서답하는 것을 비유하는 말이며, '牛气 niúqì'는 오만하고 잘난척하는 사람을, '牛鬼蛇神 niúguǐ shéshén'은 사회에 퍼져있는 나쁜 물건이나 사람을 가리킨다.

第五课

我去邮局寄包裹

Wǒ qù yóujú jì bāoguǒ

저는 우체국에 소포를 부치러 갑니다

발음(发音) 논리적 중음

회화(会话) 계획 이야기하기

문법(语法) 연동문

1 **논리적 중음**

문장의 특별한 뜻을 강조하기 위해 특정한 단어나 구를 강하게 발음하는 경우가 있다. 이를 논리적 중음이라고 하는데 논리적 중음은 정해진 위치가 있는 것이 아니라, 말하는 사람의 논리적 사유에 따라 변한다.

> 예 珍妮明天坐飞机去上海参观。
> Zhēnnī míngtian zuò fēijī qù Shànghǎi cānguān.

→ A : 谁明天坐飞机去上海参观?
Shéi míngtian zuò fēijī qù Shànghǎi cānguān?

B : 珍妮明天坐飞机去上海参观。(谁 → 珍妮를 강조)
Zhēnnī míngtian zuò fēijī qù Shànghǎi cānguān.

→ A : 珍妮什么时候坐飞机去上海参观?
Zhēnnī shénme shíhou zuò fēijī qù Shànghǎi cānguān?

B : 珍妮明天坐飞机去上海参观。(什么时候 → 明天을 강조)
Zhēnnī míngtian zuò fēijī qù Shànghǎi cānguān.

→ A : 珍妮明天怎么去上海参观?
Zhēnnī míngtian zěnme qù Shànghǎi cānguān?

B : 珍妮明天坐飞机去上海参观。(怎么 → 坐飞机를 강조)
Zhēnnī míngtian zuò fēijī qù Shànghǎi cānguān?

→ A : 珍妮明天坐飞机去哪儿参观?
Zhēnnī míngtian zuò fēijī qù nǎr cānguān?

B : 珍妮明天坐飞机去上海参观。(哪儿 → 上海를 강조)
Zhēnnī míngtian zuò fēijī qù Shànghǎi cānguān.

→ A : 珍妮明天坐飞机去上海做什么?
Zhēnnī míngtian zuò fēijī qù Shànghǎi zuò shénme?

B : 珍妮明天坐飞机去上海参观。(做什么 → 参观을 강조)
Zhēnnī míngtian zuò fēijī qù Shànghǎi cānguān.

□01	包裹	bāoguǒ	명 소포
□02	顺便	shùnbiàn	부 ~하는 김에
□03	替	tì	개 ~을 위하여, ~을 대신하여
□04	邮票	yóupiào	명 우표

□05	份	fèn	양 부, 통, 권(신문, 잡지, 문건 등을 세는 양사)
□06	青年	qīngnián	명 청년
□07	报	bào	명 신문

＊ 报纸 bàozhǐ 명 신문

□08	拿	ná	동 (손에) 쥐다, 가지다
□09	不用	búyòng	부 사용하지 않다, 필요없다, 괜찮다

＊ 用 yòng 동 사용하다

□10	旅行	lǚxíng	동 여행하다
□11	代表	dàibiǎo	명 동 대표자, 대표 / 대표하다
□12	团	tuán	명 양 단체, 집단 / 단체 등을 세는 양사
□13	参观	cānguān	동 참관하다, 견학하다
□14	当	dāng	동 (~의 일을, 직책을) 맡다, 되다
□15	翻译	fānyì	명 동 통역, 번역 / 통역(번역)하다
□16	飞机	fēijī	명 비행기

＊ 飞 fēi 동 날다

□17	火车	huǒchē	명 기차
□18	回来	huílai	동 돌아오다
□19	办	bàn	동 (일 따위를) 하다, 처리하다
□20	帮	bāng	동 돕다
□21	浇	jiāo	동 (액체를) 뿌리다, 끼얹다
□22	花儿	huār	명 꽃
□23	没问题	méi wèntí	문제 없다, 질문이 없다

＊ 问题 wèntí 명 문제, 질문

□24	上海	Shànghǎi	고유명사 상해
□25	珍妮	Zhēnní	고유명사 제니(Jenny)(인명)

 **상황 1 학교 교정에서**　장동이 소포를 들고 우체국 가는 길에 전방을 만났다.

我去邮局寄包裹

Wǒ qù yóujú jì bāoguǒ

田芳： 张东，你要去哪儿？
Zhāng Dōng, nǐ yào qù nǎr?

张东： 我去邮局寄包裹[1]，顺便去书店买一本书。你去吗？
Wǒ qù yóujú jì bāoguǒ, shùnbiàn qù shūdiàn mǎi yì běn shū.　　Nǐ qù ma?

田芳： 不去，一会儿玛丽来找我。
Bú qù, yíhuìr Mǎlì lái zhǎo wǒ.

你顺便替[1]我买几张邮票和一份青年报吧。
Nǐ shùnbiàn tì wǒ mǎi jǐ zhāng yóupiào hé yí fèn Qīngniánbào ba.

张东： 好的。
Hǎo de.

田芳： 我给你拿钱。
Wǒ gěi nǐ ná qián.

张东： 不用，先用我的钱买吧。
Búyòng, xiān yòng wǒ de qián mǎi ba.

제니가 마리의 기숙사에 놀러 와 이야기를 하고 있다.

外贸代表团明天去上海参观

Wàimào dàibiǎotuán míngtian qù Shànghǎi cānguān

珍妮：　玛丽，我明天去上海。
Mǎlì, wǒ míngtian qù Shànghǎi.

玛丽：　你去上海旅行吗？
Nǐ qù Shànghǎi lǚxíng ma?

珍妮：　不，明天一个外贸代表团去上海参观，
Bù, míngtian yí ge wàimào dàibiǎotuán qù Shànghǎi cānguān,

　　　　我去给他们当翻译。
wǒ qù gěi tāmen dāng fānyì.

玛丽：　坐飞机去还是坐火车去？
Zuò fēijī qù háishi zuò huǒchē qù?

珍妮：　坐飞机去。
Zuò fēijī qù.

玛丽：　什么时候回来？
Shénme shíhou huílai?

珍妮：　八号回来。替我办一件事，行吗？
Bā hào huílai.　Tì wǒ bàn yí jiàn shì, xíng ma?

玛丽：　什么事？你说吧。
Shénme shì?　Nǐ shuō ba.

珍妮：　帮我浇一下儿花儿。
Bāng wǒ jiāo yíxiàr huār.

玛丽：　行，没问题[2]。
Xíng, méi wèntí.

표 현 ❶

顺便替我买几张邮票吧

'가는 김에 내 대신에 우표를 몇 장 사다 주세요.'로 해석되며, 이 문장에서 [替+사람 +동작]의 형식은 [사람을 대신하여 동작을 하다]는 의미로 쓰였다.

- 替我办一件事。
  Tì wǒ bàn yí jiàn shì.

- 替我寄一下儿包裹。
  Tì wǒ jì yíxiàr bāoguǒ.

표 현 ❷

没问题

다른 사람의 부탁을 흔쾌히 들어줄 때 쓰는 표현으로, 우리말로 '문제없어.'라는 뜻이다.

- A : 你帮我浇一下儿花儿吧。
  Nǐ bāng wǒ jiāo yíxiàr huār ba.
  B : 行，没问题。
  Xíng, méi wèntí.

- A : 你替我做作业吧。
  Nǐ tì wǒ zuò zuòyè ba.
  B : 没问题。
  Méi wèntí.

문 법 ❶　연동문

위어가 두 개 이상의 동사 혹은 동사구로 이루어진 문장을 연동문이라고 부른다. 동작이 행해지는 순서에 따라 동사가 이어서 나오게 되며, 앞 동사는 항상 수단, 방법, 방향, 자세를 나타내고, 뒷 동사는 목적을 나타낸다. '공원에 가서 논다', '공부하러 학원에 간다'처럼 동작이 일어나는 순서대로 해석한다.

❶ 제1동사는 방향과 방법, 제2동사는 목적을 나타낸다.

- 外贸代表团明天①去上海/②参观。
  Wàimào dàibiǎotuán míngtian qù Shànghǎi cānguān.

- 我①来中国/②学汉语。
  Wǒ lái Zhōngguó xué Hànyǔ.

❷ 제1동사는 수단과 방법, 제2동사는 목적을 나타낸다.

- 我们①坐飞机/②去上海。
  Wǒmen zuò fēijī qù Shànghǎi.

- 他①骑车/②去/寄包裹。
  Tā qí chē qù jì bāoguǒ.

1
A：你去<u>上海</u>做什么？
B：<u>参观</u>。

中国	邮局	图书馆	银行
书店			
留学	寄包裹	查资料	换钱
买词典			

2
A：你们怎么<u>去上海</u>？
B：<u>坐飞机去</u>。

去书店	去食堂	写信
练听力	工作	
坐车去	骑车去	用电子邮件写信
听录音练	用电脑工作	

3
A：<u>给我</u> <u>买一张青年报</u>，
行吗？
B：没问题。

帮我	给我	帮我
给我	给我们	
买几张邮票	借一本书	浇一下儿花
查一份资料	当一下儿翻译	

보충단어

留学 liúxué 동 유학하다　　　　　　练 liàn 동 연습하다, 훈련하다

1 녹음을 듣고 발음연습을 해 보세요. 

① shùnbiàn　　suíbiàn　　jiāo huā　　jiǎohuá

　 lǚxíng　　　lǐxìng　　　huǒchē　　huòchē

② cānguāntuán　dàibiǎotuán　lǚyóutuán　zhǔxítuán

③ 当老师　　当大夫　　当翻译　　当律师

　 寄书　　　寄光盘　　寄包裹　　寄中药

　 替朋友借书　替我还书　给妈妈打电话　给代表团当翻译

2 녹음을 듣고, 제니의 행동으로 맞는 그림을 고르세요. (　　　) 

 ①　　 ②　　 ③　　 ④

3 다음 보기에서 알맞은 단어를 선택하여 빈칸을 채우세요.

보기　代表　寄　顺便　给　花　当　坐

① 我去邮局＿＿＿＿＿包裹。

② 下午老师来＿＿＿＿＿我辅导。

③ 我给代表团＿＿＿＿＿翻译。

④ 你＿＿＿＿＿给我买个本子，好吗？

⑤ 我跟＿＿＿＿＿团一起去上海参观。

⑥ 这些＿＿＿＿＿很香。

⑦ 他们＿＿＿＿＿飞机去北京旅行。

4 다음 단어를 조합하여 올바른 문장을 만들어 보세요.

① 我　　上海　　一个　　朋友　　去　　看

→ ______________________________________

② 代表团　　飞机　　去　　坐　　参观　　上海　　明天

→ ______________________________________

③ 代表团　　她　　翻译　　给　　当

→ ______________________________________

④ 常　　查　　上网　　资料　　田芳

→ ______________________________________

5 그림을 보고, 문장을 완성한 후 옆 사람과 대화해 보세요.

①

A: 顺便替我办件事，行吗？

B: ______________？ 你说吧。

A: 帮我买一本杂志。

B: ______________。

②

A: ______________________？

B: 我明天去北京。

A: ______________________？

B: 坐飞机去。

A: ______________________？

B: 不，我跟代表团一起去，我给他们当翻译。

A: ______________________？

B: 星期一回来。

一个外贸代表团来中国。明天他们要去上海参观。我跟他们一起去，给他们当翻译。我们坐飞机去，八号回来。我对玛丽说："帮我浇一下儿花儿，行吗？"玛丽说："行，没问题。"

写汉字

간체자 쓰기

包裹	包裹	包裹			

包裹 bāoguǒ 명 소포

顺便	顺便	顺便			

顺便 shùnbiàn 부 ~하는 김에

替	替	替			

替 tì 개 ~을 위하여, ~을 대신하여

邮票	邮票	邮票			

邮票 yóupiào 명 우표

青年	青年	青年			

青年 qīngnián 명 청년

旅行	旅行	旅行			

旅行 lǚxíng 동 여행하다

代表	代表	代表			

代表 dàibiǎo 명 동 대표자, 대표 / 대표하다

参观	参观	参观			

参观 cānguān 동 참관하다, 견학하다

중국여행②-상해

외탄(外滩 Wàitān)

외탄은 20세기 초 상해의 정치, 경제, 문화의 중심이었으며, 상해 역사의 축소판이라고 할 수 있다. 동쪽에는 황포강이 흐르고 있고, 서쪽은 서방 열강 시대에 지어진 52개의 각기 다른 양식의 건물이 동양과 서양의 독특한 건축문화로 어울려 독특한 멋을 풍기고 있다.

동방명주(东方明珠 Dōngfāng Míngzhū)

동방명주는 방송 송신탑으로 외탄 맞은 편 황포 강변에 위치해 있으며, 1994년 10월에 완공되었다. 총 높이는 468m로 아시아 1위, 세계 3위의 방송 송신탑이다. 꼭대기의 전망대는 상해의 경치를 관람할 수 있도록 꾸며져 있어 야경을 즐기려는 관광객들로 연일 만원을 이룬다.

남경로(南京路 Nánjīng Lù)

남경로는 외탄 뒷편에 있으며, 동쪽에서 서쪽으로 길게 뻗어있는 상해를 대표하는 번화가이다. 남경로에는 각종 쇼핑몰과 식당들이 즐비해 있어서 관광객들이 빼놓지 않고 찾는 곳 중 하나이다.

예원(豫园 Yùyuán)

중국 고대 정원으로 1559년 건축이 시작되어 1577년 완공되었으며, 400여 년의 역사를 지니고 있는 기암괴석과 연못 등이 잘 어울려진 정원으로 유명하다.

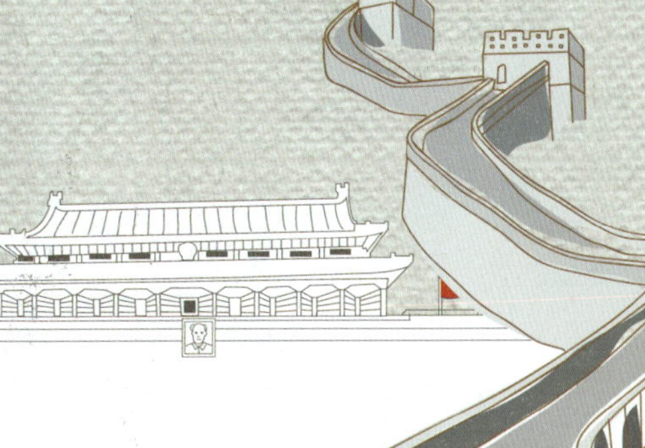

第六课

可以试试吗

Kěyǐ shìshi ma

입어봐도 될까요

발음(发音) 문장의 중음(句重音) ④

어조(语调) ②

회화(会话) 상점에서

문법(语法) 동사 중첩②, 又……又……

一点儿과 有(一)点儿

1 문장의 중음(句重音) ④

1) 단음절 동사를 중첩할 때 첫 번째 음절은 강하게 발음하고, 두 번째 음절과 가운데 들어
가는 一는 경성으로 읽는다.

试试	看看	听听	读读
试一试	看一看	写一写	听一听

2) 이음절 동사는 ABAB의 형식으로 중첩하고, 성조는 원성 경성 약성 경성으로 읽는다.

介绍介绍	休息休息	复习复习

2 어조(语调) ②

형용사 앞에 부사의 수식을 받는 구조는 상중(状中)구조이며, 상어에 중음을 준다.
따라서 감탄문은 문장 끝에서 어조를 낮춘다.

太好了！　↘
Tài hǎo le!

太贵了！　↘
Tài guì le!

□01	羽绒服	yǔróngfú	명 오리털 점퍼
□02	又…又…	yòu…yòu…	~하기도 하고, ~하기도 하다
□03	便宜	piányi	형 (값이) 싸다
□04	长	cháng	형 길다
□05	一点儿	yìdiǎnr	수량 조금
□06	短	duǎn	형 짧다
□07	深	shēn	형 (색이) 짙다
□08	浅	qiǎn	형 (색이) 연하다
□09	试	shì	동 시험삼아 ~해보다
□10	可以	kěyǐ	조동 ~해도 좋다
□11	当然	dāngrán	형 부 당연하다 / 당연히
□12	肥	féi	형 헐렁하다, 살찌다, 통통하다

* 胖 pàng 형 뚱뚱하다

□13	瘦	shòu	형 (옷이) 꽉 끼다, 마르다
□14	合适	héshì	형 알맞다, 적합하다, 적당하다
□15	好看	hǎokàn	형 예쁘다, 보기 좋다
□16	种	zhǒng	양 종, 종류, 부류, 가지(사람이나 사물의 종류를 셀 때 쓰는 양사)
□17	打折	dǎ zhé	동 가격을 깎다, 할인하다

마리가 옷가게에서 오리털 점퍼를 입어보고 있다.

可以试试吗

Kěyǐ shìshi ma

玛丽：　我**看看**[1]羽绒服。
Wǒ kànkan yǔróngfú.

售货员：你看看这件怎么样？　**又好又便宜**[2]。
Nǐ kànkan zhè jiàn zěnmeyàng?　　Yòu hǎo yòu piányi.

玛丽：　这件有**一点儿**[3]长。有短一点儿的吗？
Zhè jiàn yǒu yìdiǎnr cháng.　　Yǒu duǎn yìdiǎnr de ma?

售货员：你要深颜色的还是要浅颜色的？
Nǐ yào shēn yánsè de háishi yào qiǎn yánsè de?

玛丽：　浅颜色的。……我试试**可以**[1]吗？
Qiǎn yánsè de.　　……Wǒ shìshi kěyǐ ma?

售货员：当然可以。
Dāngrán kěyǐ.

⋮

玛丽：　这件太肥了，有没有瘦一点儿的？
Zhè jiàn tài féi le, yǒu méiyǒu shòu yìdiǎnr de?

售货员：你再试试这一件。
Nǐ zài shìshi zhè yí jiàn.

⋮

玛丽：　这件**不大不小**[2]，正合适，颜色也很好看。
Zhè jiàn bú dà bù xiǎo, zhèng héshì, yánsè yě hěn hǎokàn.

마리는 입어봤던 오리털 점퍼가 마음에 들어 구입하려고 한다.

便宜一点儿吧

Piányi yìdiǎnr ba

玛丽：　这种羽绒服怎么卖？
Zhè zhǒng yǔróngfú zěnme mài?

售货员：一件四百块。
Yí jiàn sìbǎi kuài.

玛丽：　太贵了。便宜一点儿吧，二百怎么样？
Tài guì le.　Piányi yìdiǎnr ba, èrbǎi zěnmeyàng?

售货员：二百太少了，不卖。可以打八折[3]，你给三百二吧。
Èrbǎi tài shǎo le, bú mài.　Kěyǐ dǎ bā zhé, nǐ gěi sānbǎi èr ba.

玛丽：　三百行不行？
Sānbǎi xíng bu xíng?

售货员：给你吧。
Gěi nǐ ba.

표 현 ❶

我试试可以吗?

'제가 ~해도 되겠습니까?'와 같이 상대방에게 허락을 구할 때 조동사 可以를 쓴다.
이 때 부정은 不能 bù néng 또는 不行 bù xíng으로 한다.

- A : 我可以看看吗?
  Wǒ kěyǐ kànkan ma?
  B : 不能。/ 不行。
  Bù néng. / Bù xíng.

표 현 ❷

这件不大不小

'크지도 않고, 작지도 않다'는 뜻이다. '不A不B'의 형태로 의미가 상반되는 단어가
각각 쓰여, 어떠한 상태가 적절함을 나타낸다.

- 她不胖不瘦。
  Tā bú pàng bú shòu.

- 这不多不少。
  Zhè bù duō bù shǎo.

打八折

打折는 '할인하다'라는 뜻으로 보통 중간에 숫자를 써주는데, 예를 들어 打八折라고 한다면 이는 10을 기준으로 2를 내리고 8에 해당하는 가격만 받는다는 의미가 되어 20% 만큼 할인한다는 뜻이 된다.

- 打七五折 dǎ qī wǔ zhé   → 25% 할인
- 打九折 dǎ jiǔ zhe   → 10% 할인
- 打五折 / 打对折 dǎ wǔ zhé / dǎ duì zhé   → 50% 할인

- 今天商品全部打七折。
  Jīntian shāngpǐn quánbù dǎ qī zhé.

- 春节的时候那儿的东西常常打折。
  Chūnjié de shíhou nàr de dōngxi chángcháng dǎ zhé.

문법 ❶　동사 중첩②

> 중국어에서는 동작의 시간이 짧거나 시험삼아 해보는 것, 상대방에게 권유나 간청할 때, 또는 행동의 가벼운 기분을 나타낼 때 동사를 중첩시킨다.
> 단음절 동사는 'AA', 'A一A'의 방식으로 중첩하고, 이음절 동사는 'ABAB'의 방식으로 중첩하며 중간에 一를 넣을 수 없다.

단음절 동사

A	AA	A一A
试	试试	试一试
听	听听	听一听
看	看看	看一看

이음절 동사

AB	AB AB
预习	预习预习
复习	复习复习
休息	休息休息

- 你看看这本词典怎么样？
  Nǐ kànkan zhè běn cídiǎn zěnmeyàng?

- 你听听这个句子是什么意思？
  Nǐ tīngting zhè ge jùzi shì shénme yìsi?

- 明天星期六，你休息休息吧。
  Míngtian xīngqīliù, nǐ xiūxi xiūxi ba.

만약 동사의 동작이 이미 발생했거나 혹은 완성됐을 경우, 'A + 了 + A'나 'AB+了+AB'의 방식으로 중첩한다. 즉 동태조사(动态助词) 了를 반드시 중첩된 동사 사이에 두어야 한다.

AA → A + 了 + A	ABAB → AB + 了 + AB
试试 → 试了试	复习复习 → 复习了复习
看看 → 看了看	预习预习 → 预习了预习

有, 在, 是 같이 동작을 나타내지 않는 동사나 동작의 진행을 표시하는 동사는 중첩해서 쓸 수 없다.

- 我正在听听录音呢。（×）
  Wǒ zhèngzài tīngting lùyīn ne.

又……又……

'又……又……'는 형용사, 동사 혹은 형용사구, 동사구 등을 이어주는 역할을 하며, 두 가지 상황이나 상태가 동시에 존재함을 나타낸다.

- 这件羽绒服又好又便宜。
  Zhè jiàn yǔróngfú yòu hǎo yòu piányi.

- 我们教室又安静又干净。
  Wǒmen jiàoshì yòu ānjìng yòu gānjing.

- 那个箱子又小又旧。
  Nà ge xiāngzi yòu xiǎo yòu jiù.

- 他去银行又取钱又换钱。
  Tā qù yínháng yòu qǔ qián yòu huàn qián.

一点儿과 有(一)点儿

둘 다 '조금', '약간'의 뜻이 있지만 그 쓰임이 다르다.

❶ 一点儿은 '조금'이라는 뜻으로 문장 속에서 정어로 쓰일 수 있다.

- 他会一点儿汉语。
  Tā huì yìdiǎnr Hànyǔ.

- 请给我(一)点儿啤酒吧。
  Qǐng gěi wǒ (yì)diǎnr píjiǔ ba.

❷ 一点儿은 형용사 뒤에 놓여 보어로 쓰이며, 비교를 나타낸다.

- 有没有长一点儿的？
  Yǒu méiyǒu cháng yìdiǎnr de?

- 这件颜色有点儿深，我要浅一点儿的。
  Zhè jiàn yánsè yǒudiǎnr shēn, wǒ yào qiǎn yìdiǎnr de.

❸ 부사인 有(一)点儿은 상어로 쓰여 형용사 앞에 놓이며, 대부분 불만족의 상황이
나 싫어하는 느낌을 설명한다.

- 这件有(一)点儿长。
  Zhè jiàn yǒu (yì)diǎnr cháng.

- 这件颜色有(一)点儿深，有没有浅一点儿的?
  Zhè jiàn yánsè yǒu (yì)diǎnr shēn, yǒu méiyǒu qiǎn yìdiǎnr de?

- 这件羽绒服有点儿不合适。
  Zhè jiàn yǔróngfú yǒudiǎnr bù héshì.

주의! 불만족의 상황과 싫어하는 느낌에 써야 하므로, 의미의 조화를 고려해야 한다.

- 这件羽绒服有点儿合适。（×）
  Zhè jiàn yǔróngfú yǒu diǎnr héshì.

- 这个人有点儿好。（×）
  Zhè ge rén yǒudiǎnr hǎo.

1

A：我<u>试试</u>可以吗?
B：可以。

看看	听听	用用	换换

2

A：这件羽绒服怎么样?
B：这件有点儿<u>长</u>，
　　有没有<u>短</u>一点儿的?

贵	肥	大	深
便宜	瘦	小	浅

3

A：你要<u>白</u>的还是要<u>红</u>的?
B：我要<u>白</u>的。

便宜	大	深	长	肥
贵	小	浅	短	瘦

4

A：这种<u>羽绒服</u>怎么卖?
B：<u>一件</u> <u>三百二十块</u>。

毛衣	苹果	面包	咖啡	鞋
一件	一斤	一个	一杯	一双
120元	3.5元	1.8元	28元	235元

보충단어

面包 miànbāo 명 빵　　　咖啡 kāfēi 명 커피　　　鞋 xié 명 신발
双 shuāng 양 쌍, 켤레(쌍으로 이루어진 물건을 세는 양사)

1 녹음을 듣고 발음연습을 해 보세요.  6-4

❶ dāngrán　　tǎnrán　　shìshi　　shíshí

héshì　　héshí　　piányi　　biànlì

❷ tài guì le　　tài duì le　　tài hǎo le　　tài měi le

tài shòu le　　tài féi le　　tài yuǎn le　　tài dà le

❸ 试试　　看看　　听听　　读读

试一试　　看一看　　听一听　　读一读

又饿又渴　　又冷又累　　又好又便宜　　又贵又不好

不大不小　　不肥不瘦　　不深不浅　　不长不短

2 녹음을 듣고, 제니가 산 옷과 가격을 고르세요. (　　　)  6-5

❶　　　　❷　　　　❸　　　　❹

3 다음 보기에서 알맞은 단어를 선택하여 빈칸을 채우세요.

보기　　种　　胖　　深　　又…又…　　便宜

❶ 这__________羽绒服多少钱一件?

❷ 我太__________了，这件衣服有点儿瘦，不太合适。

❸ 有没有颜色浅一点儿的? 这件颜色有点儿__________。

❹ __________一点儿怎么样?

❺ 这件毛衣__________便宜__________好。

4 有点儿, 一点儿 중 알맞은 단어를 골라 빈칸을 채우세요.

① 这件衣服________肥, 有没有瘦________的?

② 这本书________难, 那本容易________。

③ 这课的生词________多。

④ 这个房间________小。

⑤ 这件________贵, 那件便宜________。

⑥ 这双鞋________大, 我想看看小________的。

5 다음 제시된 금액을 한자로 쓰고 읽어 보세요. [元 yuán = 块 kuài]

① 0.05元 __________   0.26元 __________   0.98元 __________

② 3.08元 __________   8.88元 __________   10.05元 __________

③ 77.55元 __________   89.50元 __________   105.90元 __________

④ 117.80元 __________   206.02元 __________   558.40元 __________

⑤ 880.00元 __________   997.44元 __________   1038.95元 __________

6 그림을 보고, 대화를 완성한 후 옆 사람과 대화해 보세요.

A: _______________________________。

B: 你看看这件怎么样? 又漂亮又便宜。

A: _______________________?

B: 有。你要试试吗?

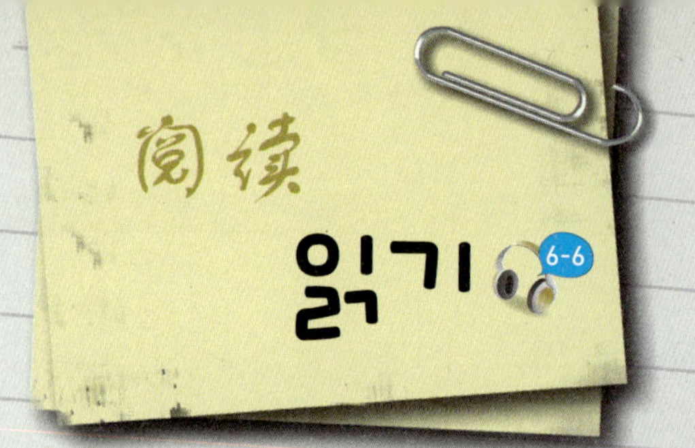

去商店买衣服

听说这里的冬天很冷，我还没有羽绒服呢，想去买一件。

麦克说，有一家商店，那里的衣服又好又便宜。我说，"明天我们一起去吧。"麦克说："对不起，明天我一个朋友来中国旅行，我要去机场接他，不能跟你一起去。"我说："没关系。我可以一个人去。"

玛丽听说我要去买衣服，说："我也想买羽绒服。我跟你一起去，好吗？"我说："当然好啦！我正想找人跟我一起去呢。"

我问玛丽："明天我们几点出发？"玛丽说："明天是星期天，坐车的人一定很多，我们早点儿去吧。八点走怎么样？"我说："好吧。那个商店离学校不太远，我们不用坐车去，可以骑车去。""行！"玛丽说，"听说有一个展览很好看，我很想去看看，你想不想看？"我说："我也很想去看。我们一起去吧。"玛丽说："好，我跟你一起去买衣服，你跟我一起去看展览。"

보충단어

冬天 dōngtiān 명 겨울　　　　冷 lěng 형 춥다, 차다　　　　旅行 lǚxíng 동 여행하다

机场 jīchǎng 명 공항　　　　接 jiē 동 마중하다, 맞다　　　　展览 zhǎnlǎn 명 전람, 전시

写汉字
간체자 쓰기

羽绒服	羽绒服	羽绒服			
羽绒服 yǔróngfú 명 오리털 점퍼					
便宜	便宜	便宜			
便宜 piányi 형 (값이) 싸다					
短	短	短			
短 duǎn 형 짧다					
深	深	深			
深 shēn 형 (색이) 짙다					
浅	浅	浅			
浅 qiǎn 형 (색이) 연하다					
当然	当然	当然			
当然 dāngrán 형 부 당연하다 / 당연히					
瘦	瘦	瘦			
瘦 shòu 형 (옷이) 꽉 끼다, 마르다					
打折	打折	打折			
打折 dǎ zhé 동 가격을 깎다, 할인하다					

第七课

祝你生日快乐

Zhù nǐ shēngri kuàilè

생일 축하합니다

발음(发音) 어조(语调) ③

회화(会话) 시간에 대해 이야기하기

문법(语法) 명사 위어문

년, 월, 일 읽는 방법

의문의 어기를 가진 평서문

1 어조(语调) ③

평서문의 형태라도 믿지 못하거나 의아스럽게 여길 때 의문의 어조를 이용해 질문하려면
문장의 끝을 올려준다.

你属狗? ↗
Nǐ shǔ gǒu?

你今年二十岁? ↗
Nǐ jīnnián èrshí suì?

他也去? ↗
Tā yě qù?

	汉语	拼音	뜻
□01	年	nián	명 년, 해

* **今年** jīnnián 명 금년 | **明年** míngnián 명 내년 | **后年** hòunián 명 내후년
　去年 qùnián 명 작년

□02	毕业	bì yè	동 졸업하다
□03	多	duō	부 얼마나

* **多大** duō dà (나이가) 얼마인가(나이를 묻는 표현)

□04	岁	suì	양 살, 세(나이를 세는 양사)
□05	属	shǔ	동 (십이지의) ~띠이다
□06	狗	gǒu	명 개
□07	月	yuè	명 월, 달
□08	号	hào	명 일
□09	生日	shēngri	명 생일
□10	正好	zhènghǎo	형 부 딱 좋다, 꼭 알맞다 / 마침, 공교롭게도
□11	打算	dǎsuan	명 동 계획 / 계획하다, ~할 작정이다
□12	过	guò	동 지나다, 쇠다
□13	准备	zhǔnbèi	동 준비하다, ~할 작정이다
□14	举办	jǔbàn	동 열다, 개최하다
□15	晚会	wǎnhuì	명 저녁파티, 저녁모임
□16	参加	cānjiā	동 참가하다, 참석하다
□17	时间	shíjiān	명 시간
□18	点(钟)	diǎn (zhōng)	양 시(시간을 나타내는 양사)
□19	就	jiù	부 바로, 즉시
□20	一定	yídìng	부 틀림없이, 꼭, 필히
□21	祝	zhù	동 축원하다, 빌다
□22	快乐	kuàilè	형 즐겁다, 유쾌하다
□23	祝你生日快乐	zhù nǐ shēngri kuàilè	생일 축하합니다

상황 1 식당에서　전방과 창호가 이야기를 나누고 있다.

你哪一年大学毕业

Nǐ nǎ yì nián dàxué bì yè

田芳：　你哪一年大学毕业？
　　　　Nǐ nǎ yì nián dàxué bì yè?

李昌浩：　明年。你呢？
　　　　Míngnián.　Nǐ ne?

田芳：　我后年。你今年多大？
　　　　Wǒ hòunián.　Nǐ jīnnián duō dà?

李昌浩：　我二十一岁[1]。
　　　　Wǒ èrshiyī suì.

田芳：　属[1]什么的？
　　　　Shǔ shénme de?

李昌浩：　属狗的。
　　　　Shǔ gǒu de.

전방과 마리가 길을 걸으며 생일에 대해 이야기를 나누고 있다.

祝你生日快乐
Zhù nǐ shēngri kuàilè

田芳: 你的生日是几月几号？
Nǐ de shēngri shì jǐ yuè jǐ hào?

玛丽: 我的生日是十月十八号[2]，正好是星期六。
Wǒ de shēngri shì shí yuè shíbā hào, zhènghǎo shì xīngqīliù.

田芳: 是吗？[2] 你打算怎么过？
Shì ma?　Nǐ dǎsuan zěnme guò?

玛丽: 我准备举办一个生日晚会。你也来参加，好吗？
Wǒ zhǔnbèi jǔbàn yí ge shēngri wǎnhuì.　Nǐ yě lái cānjiā, hǎo ma?

田芳: 什么时间举办？
Shénme shíjiān jǔbàn?

玛丽: 星期六晚上七点。
Xīngqīliù wǎnshang qī diǎn.

田芳: 在哪儿？
Zài nǎr?

玛丽: 就[3]在我的房间。
Jiù zài wǒ de fángjiān.

田芳: 好。我一定去。祝你生日快乐！
Hǎo.　Wǒ yídìng qù.　Zhù nǐ shēngri kuàilè!

玛丽: 谢谢！
Xièxie!

표 현 ❶

属狗

属는 12가지 띠로 출생한 해를 기록하여 '~띠에 속하다' 즉 '~해에 태어나다'의 뜻이 된다. 이 12가지 띠는 모두 알다시피 12가지 동물을 가리켜 바로 쥐(鼠 shǔ), 소(牛 niú), 호랑이(虎 hǔ), 토끼(兔 tù), 용(龙 lóng), 뱀(蛇 shé), 말(马 mǎ), 양(羊 yáng), 원숭이(猴 hóu), 닭(鸡 jī), 개(狗 gǒu), 돼지(猪 zhū)를 말한다.

- A : 你属什么?
  Nǐ shǔ shénme?
- B : 我属兔，你呢?
  Wǒ shǔ tù, nǐ ne?
- A : 我也属兔。
  Wǒ yě shǔ tù.

표 현 ❷

是吗?

'그래요?', '정말인가요?'의 뜻으로 쓰이며, 놀람과 기쁨의 어기를 나타낸다.

- A : 明天就是我的生日。
  Míngtian jiù shì wǒ de shēngri.
- B : 是吗?
  Shì ma?

就在我的房间

이 문장에서의 부사 就는 범위를 제한하는 뜻으로 '다름 아닌 바로'의 뜻이다.

- 他家就在我家附近。
  Tā jiā jiù zài wǒ jiā fùjìn.

- 他就是我的汉语老师。
  Tā jiù shì wǒ de Hànyǔ lǎoshī.

문 법 ❶　명사 위어문

중국어의 술어(述语)는 동사와 형용사만 가르키기 때문에 명사가 위어에 있을 때 명사 술어문이라 할 수 없으므로 명사 위어문이라 한다. 명사 위어문은 명사, 명사구, 수량사, 시간사 등이 위어가 되는 문장으로, 어순은 [주어+위어]이다. 의미는 'A는 B이다'이지만, 위어 자리에 是를 사용하지 않는다. 하지만 부정할 때는 반드시 [不是+명사]의 형태로 해야 한다.

명사 위어문은 시간, 가격, 날짜, 요일, 수량, 날씨, 연령, 본적, 길이, 무게, 높이, 학년, 외모의 특징 등을 나타낼 때 쓰인다.

- A : 今天几号？
  Jīntian jǐ hào?

  B : 今天十月八号。
  Jīntian shí yuè bā hào.

- A : 今天星期几？
  Jīntian xīngqī jǐ?

  B : 今天星期二。
  Jīntian xīngqī'èr.

- 他二十岁。
  Tā èrshí suì.

- 明天阴天。
  Míngtian yīntian.

- 我首尔人，他釜山人。
  Wǒ Shǒu'ěrrén, tā Fǔshānrén.

- A : 苹果一斤多少钱？
  Píngguǒ yì jīn duōshao qián?

  B : 一斤两块五。
  Yì jīn liǎng kuài wǔ.

- A : 现在几点？
  Xiànzài jǐ diǎn?

  B : 现在八点半。
  Xiànzài bā diǎn bàn.

| 문 법 ❷ | 년, 월, 일 읽는 방법 |

년, 월, 일을 읽을 때는 다음의 몇 가지 방법이 있다.

❶ 년도를 읽을 때는 숫자를 하나씩 순서대로 읽어준다.

1840年	→ yī bā sì líng nián
1949年	→ yī jiǔ sì jiǔ nián
1978年	→ yī jiǔ qī bā nián
2008年	→ èr líng líng bā nián
2014年	→ èr líng yī sì nián

❷ 12달의 명칭

一月 yī yuè	二月 èr yuè	三月 sān yuè	四月 sì yuè	五月 wǔ yuè	六月 liù yuè
七月 qī yuè	八月 bā yuè	九月 jiǔ yuè	十月 shí yuè	十一月 shíyī yuè	十二月 shí'èr yuè

❸ 날짜의 명칭

一日(号) yī rì (hào)	二日(号) èr rì (hào)	三日(号) sān rì (hào)	四日(号) sì rì (hào)	五日(号) wǔ rì (hào)
六日(号) liù rì (hào)	七日(号) qī rì (hào)	八日(号) bā rì (hào)	九日(号) jiǔ rì (hào)	十日(号) shí rì (hào)
十一日(号) shíyī rì (hào)		......		二十日(号) èrshí rì (hào)
二十一日(号) èrshiyī rì (hào)		......		三十日(号) sānshí rì (hào)
三十一日(号) sānshiyī rì (hào)			......	

❹ 날짜는 년, 월, 일 순으로 표시하고, 순서대로 읽는다.

1918年5月4日(号)	→ yī jiǔ yī bā nián wǔ yuè sì rì (hào)
1949年10月1日(号)	→ yī jiǔ sì jiǔ nián shí yuè yī rì (hào)
2014年4月26日(号)	→ èr líng yī sì nián sì yuè èrshiliù rì (hào)

주의! ① 一月, 一号와 十一月, 十一号의 '一'는 서수이므로 성조의 변화를 하지 않고 1성 yī
로 읽는다.

② 중음은 月, 号 앞의 수사에 준다.

一月一号
yī yuè yī hào

③ 日과 号는 둘 다 날짜를 표시하는데, 日은 주로 서면체에, 号는 회화체에 쓰인다.

날짜와 요일을 나타낼 때 일반적인 서술을 하기 위해서 명사 위어문을 쓰고, 주어가
가리키는 날이 다른 날이 아니고 바로 위어에서 말하는 날임을 단정하고자 할 때는
'是자문'을 쓴다. 이때 是를 약하게 읽는다.

- 今天(是)十月二十七号。
  Jīntiān (shì) shí yuè èrshiqī hào.

- 今天(是)星期三。
  Jīntiān (shì) xīngqīsān.

문 법 ❸ **중국어의 의문문 만들기 ⑥ – 의문의 어기를 가진 평서문**

평서문에 의문의 어조를 붙여 의문의 어기를 나타내게 하는 방법으로, 이때
는 반드시 문장의 끝을 올려서 말해준다.

- 你属狗? ↗
  Nǐ shǔ gǒu?

- 你今年二十岁? ↗
  Nǐ jīnnián èrshi suì?

- 他也参加? ↗
  Tā yě cānjiā?

보충단어

阴天 yīntiān 명 흐린 날

1

A：你哪年<u>大学毕业</u>？
B：我<u>明年</u> 大学毕业。

去留学	出国	去中国	回国
今年	明年	后年	大后年

2

A：<u>你的生日</u>是几月几号？
B：<u>十月二十五号</u>。

国庆节	圣诞节	她的生日
今年的春节		

十月一号	十二月二十五号	六月八号
一月二十八号		

3

A：<u>这个月十号</u>(是)星期几？
B：<u>星期六</u>。

明年春节	今年圣诞节	你的生日	十月一号
星期四	星期三	星期二	星期一

4

A：祝你<u>生日快乐</u>！
B：谢谢！

新年快乐	春节快乐	身体健康	圣诞快乐

5

A：他今年多大？
B：<u>十八</u>岁。

十九	二十	二十二	二十五

보충단어

大后年 dàhòunián 명 내후년, 3년 후
圣诞节 Shèngdàn Jié 명 성탄절, 크리스마스
快乐 kuàilè 형 즐겁다, 유쾌하다

国庆节 Guóqìng Jié 명 중화인민공화국 건국기념일
新年 xīnnián 명 신년, 새해
健康 jiànkāng 형 건강하다

1　녹음을 듣고 발음연습을 해 보세요. 

❶　shēngri　　shènglì　　jīnnián　　qīngnián

kuàilè　　kuài le　　zhènghǎo　　zhēn hǎo

shíjiān　　shíjiàn　　yídìng　　yùdìng

❷　Guóqìng Jié　　Zhōngqiū Jié　　Jiàoshī Jié

Láodòng Jié　　Fùnǚ Jié　　Shèngdàn Jié

❸　祝你生日快乐　　祝你新年快乐　　祝你圣诞快乐　　祝你春节快乐

打算怎么去　　打算怎么来　　打算怎么过　　打算怎么做

2　녹음을 듣고, 전방의 생일에 ○표시를 하세요. 

10

Sun.	Mon.	Tue.	Wed.	Thu.	Fri.	Sat.
	1	2	3	4	5	6
7	8	9	10	11	12	13
14	15	16	17	18	19	20

3　다음 보기에서 알맞은 단어를 선택하여 빈칸을 채우세요.

보기　参加　　打算　　号　　正好　　快乐

❶　你的生日是几月几__________？

❷　祝你生日__________！

❸　她的生日__________是星期六。

❹　我__________毕业后当翻译。

❺　我一定__________你的生日晚会。

4 그림을 보고, 대화를 완성한 후 옆 사람과 대화해 보세요.

A: _________________________?

B: 我的生日五月七号，正好是星期六。

A: _________________________?

B: 我准备举办一个生日晚会。

A: _________________________?

B: 星期六晚上七点。

A: _________________________?

B: 就在我的房间。

A: _________________________!

5 실제상황에 근거하여 다음 질문에 자유롭게 대답해 보세요.

❶ 今天是几月几号？星期几？

→ _________________________。

❷ 你的生日是几月几号？

→ _________________________。

❸ 你怎么过生日？

→ _________________________。

❹ 生日晚会在哪儿举办？

→ _________________________。

❺ 谁来参加你的生日晚会？

→ _________________________。

❻ 你今年多大？

→ _________________________。

爸爸妈妈：

　　好久没有给你们写信了，你们身体好吗？

　　我很好。你们给我寄的生日礼物很好看。谢谢！

　　今天我在宿舍举办生日晚会。我们班的同学和几个中国朋友来参加。同学们送我很多礼物。中国朋友田芳送我一只玩具小狗，她说我是属狗的。我不懂什么是"属狗的"，田芳说，我是狗年出生的，所以属狗。我觉得很有意思。

　　晚会上，我们一起唱歌，吃蛋糕，玩儿得都很高兴。能在中国跟同学们一起过生日，我觉得很快乐。

　　祝爸爸妈妈身体好！

玛丽

十月十八日

毕业	毕业	毕业			

毕业 bì yè [동] 졸업하다

岁	岁	岁			

岁 suì [양] 살, 세(나이를 세는 단위)

属	属	属			

属 shǔ [동] (십이지의) ~띠이다

狗	狗	狗			

狗 gǒu [명] 개

正好	正好	正好			

正好 zhènghǎo [형] [부] 딱 좋다, 꼭 알맞다 / 마침, 공교롭게도

打算	打算	打算			

打算 dǎsuan [명] [동] 계획 / 계획하다, ~할 작정이다

准备	准备	准备			

准备 zhǔnbèi [동] 준비하다, ~할 작정이다

举办	举办	举办			

举办 jǔbàn [동] 열다, 개최하다

第八课

我们明天七点一刻出发

Wǒmen míngtian qī diǎn yí kè chūfā

우리는 내일 7시 15분에 출발합니다

발음(发音) 문장의 중음(句重音) ⑤

회화(会话) 하루 일과에 대해 이야기하기

문법(语法) 시간의 표현

1 문장의 중음(句重音) ⑤

1) 수량사구에서 수사는 강하게, 양사는 가볍게 발음한다.

五本词典　　　三本书　　　六个学生　　　七件毛衣
wǔ běn cídiǎn　　sān běn shū　　liù ge xuésheng　　qī jiàn máoyī

2) 의문대사 几가 있는 의문문에서는 几를 강하게 읽는다.

你几点起床?
Nǐ jǐ diǎn qǐ chuáng?

你有几本词典?
Nǐ yǒu jǐ běn cídiǎn?

□01	每	měi	대 매, 각, 마다
□02	早上	zǎoshang	명 아침
□03	半	bàn	명 반, 1/2
□04	起床	qǐ chuáng	동 일어나다, 기상하다

＊床 chuáng 명 침대

□05	早饭	zǎofàn	명 아침 식사

＊午饭 wǔfàn 명 점심 식사 | 晚饭 wǎnfàn 명 저녁 식사

□06	以后	yǐhòu	명 이후
□07	差	chà	동 형 부족하다, 모자라다 / 나쁘다, 좋지 않다
□08	分(钟)	fēn(zhōng)	명 양 (시간의) 분 / 분(시간을 세는 양사)
□09	上课	shàng kè	동 수업하다
□10	节	jié	양 교시(수업을 세는 양사)
□11	教室	jiàoshì	명 교실
□12	操场	cāochǎng	명 운동장
□13	锻炼	duànliàn	동 단련하다, 운동하다
□14	洗澡	xǐ zǎo	동 목욕하다, 샤워하다

＊洗 xǐ 동 씻다, 빨다

□15	然后	ránhòu	연 연후에, 그 다음에
□16	睡觉	shuì jiào	동 (잠을) 자다
□17	爬	pá	동 기어오르다
□18	们	men	접미 ~들(복수를 나타냄)
□19	山	shān	명 산
□20	年级	niánjí	명 학년
□21	出发	chūfā	동 출발하다
□22	前	qián	명 앞
□23	集合	jíhé	동 집합하다, 모이다
□24	刻	kè	양 15분(시각을 나타냄)
□25	上车	shàng chē	동 차에 타다, 승차하다

＊下车 동 xià chē 차에서 내리다

□26	准时	zhǔnshí	형 정시의, 제때의
□27	带	dài	동 지니다, 가지다
□28	山本	Shānběn	고유명사 야마모토(Yamamoto) (인명)

마리가 자신의 하루에 대해 이야기하고 있다.

我的一天
Wǒ de yì tiān

我每天早上六点半[1]起床，七点吃早饭。差十分八点[1]去
Wǒ měi tiān zǎoshang liù diǎn bàn qǐ chuáng, qī diǎn chī zǎofàn.　　Chà shí fēn bā diǎn qù

教室，八点上课。上午我们有四节课，十二点下课。中午我去
jiàoshì, bā diǎn shàng kè.　　Shàngwǔ wǒmen yǒu sì jié kè, shí'èr diǎn xià kè.　　Zhōngwǔ wǒ qù

食堂吃午饭。午饭以后，我常常去朋友那儿[1]聊天儿。下午
shítáng chī wǔfàn.　　Wǔfàn yǐhòu, wǒ chángcháng qù péngyou nàr liáo tiānr.　　Xiàwǔ

没有课的时候，我去图书馆看书，或者跟中国朋友一起练习
méiyǒu kè de shíhou, wǒ qù túshūguǎn kàn shū, huòzhě gēn Zhōngguó péngyou yìqǐ liànxí

口语。有时候在宿舍看电影光盘。
kǒuyǔ.　　Yǒu shíhou zài sùshè kàn diànyǐng guāngpán.

四点我去操场锻炼身体。五点回宿舍洗澡，洗衣服，
Sì diǎn wǒ qù cāochǎng duànliàn shēntǐ.　　Wǔ diǎn huí sùshè xǐ zǎo, xǐ yīfu,

六点半或者七点吃晚饭。晚上我做练习、写汉字、预习课文
liù diǎn bàn huòzhě qī diǎn chī wǎnfàn.　　Wǎnshang wǒ zuò liànxí、xiě Hànzì、yùxí kèwén

和生词，然后看看电视、听听音乐，十一点睡觉。
hé shēngcí, ránhòu kànkan diànshì、tīngting yīnyuè, shíyī diǎn shuì jiào.

⭐ **상황 2 강의실에서** 수업이 끝나고 이 선생님이 학생들과 이야기를 하고 있다.

明天早上七点一刻出发

Míngtian zǎoshang qī diǎn yí kè chūfā

李老师: 同学们[2]，明天我们去爬山。
Tóngxuémen, míngtian wǒmen qù pá shān.

山本: 太好了！ 老师，您去吗？
Tài hǎo le!　Lǎoshī, nín qù ma?

李老师: 去。一年级的老师和学生都去。
Qù.　Yī niánjí de lǎoshī hé xuésheng dōu qù.

山本: 明天什么时候出发？
Míngtian shénme shíhou chūfā?

李老师: 明天早上七点在楼前集合上车，
Míngtian zǎoshang qī diǎn zài lóu qián jíhé shàng chē,

七点一刻准时出发。
qī diǎn yí kè zhǔnshí chūfā.

山本: 中午回来吗？
Zhōngwǔ huílai ma?

李老师: 不回来，要带午饭。
Bù huílai, yào dài wǔfàn.

山本: 什么时候回来？
Shénme shíhou huílai?

李老师: 下午四点。
Xiàwǔ sì diǎn.

표 현 ❶

我去朋友那儿聊天儿

来, 去, 在, 从, 到 등의 동사나 개사 뒤에는 장소를 나타내는 빈어가 와야 한다. 만일 빈어가 사람을 나타내는 명사나 인칭대사일 경우, 뒤에 반드시 这儿이나 那儿을 붙여 장소를 표시해 주어야 한다. 장소사인 这儿과 那儿이 인칭대사의 뒤에 있으면 약하게 읽는다.

- 她明天来我这儿。
  Tā míngtian lái wǒ zhèr.

- 我去王老师那儿。
  Wǒ qù Wáng lǎoshī nàr.

표 현 ❷

同学们

们을 인칭대사나 사람을 가리키는 명사 뒤에 쓰면 복수를 나타낸다.

我们 wǒmen / 你们 nǐmen / 他们 tāmen / 她们 tāmen / 咱们 zánmen
老师们 lǎoshīmen / 同学们 tóngxuémen / 朋友们 péngyoumen …

주의!　명사 앞에 수량을 나타내는 말이나 복수를 나타내는 정어가 있을 때는 뒤에 们을 붙이지 않는다.

- 三个留学生们（×）　　　　　　• 我有很多朋友们。（×）
  sān ge liúxuéshēngmen　　　　　　Wǒ yǒu hěn duō péngyoumen.

문 법 ❶　시간의 표현

중국어로 시간을 표현하는 방법에는 다음의 다양한 방법이 있다.

❶ 시각의 표현
중국어에서 시각을 나타내는 단어는 点(钟), 刻, 分 등이 있다. 시간을 묻는 가장 기본 표현은 '现在几点?'이라고 한다.

- A : 现在几点?
  Xiànzài jǐ diǎn?

  B : 现在八点。
  Xiànzài bā diǎn.

- A : 现在几点?
  Xiànzài jǐ diǎn?

  B : 一点五十三分。
  Yī diǎn wǔshisān fēn.

❷ 시간 읽기
8 : 00　→ 八点 bā diǎn
8 : 05　→ 八点零五(分) bā diǎn líng wǔ (fēn)
8 : 15　→ 八点一刻 bā diǎn yí kè / 八点十五(分) bā diǎn shíwǔ (fēn)
8 : 30　→ 八点半 bā diǎn bàn / 八点三十(分) bā diǎn sānshí (fēn)
8 : 45　→ 八点三刻 bā diǎn sān kè / 八点四十五(分) bā diǎn sìshiwǔ (fēn)
　　　　　 / 差一刻九点 chà yí kè jiǔ diǎn
8 : 55　→ 八点五十五(分) bā diǎn wǔshiwǔ (fēn) / 差五分九点 chà wǔ fēn jiǔ diǎn

❸ 시간을 나타낼 때 어순은 한국어와 같이 큰 시간 단위부터 작은 시간 단위 순으로 쓴다.

年 → 月 → 日 → 点(钟) → 分

1945年10月1日 上午八点二十分
yī jiǔ sì wǔ nián shí yuè yī rì shàngwǔ bā diǎn èrshí fēn

2008年10月25日 晚上十点半
èr líng líng bā nián shí yuè èrshiwǔ rì wǎnshang shí diǎn bàn

❹ 시간을 나타내는 단어는 문장에서 주어, 위어, 정어, 상어가 될 수 있다.

- 现在八点半。(위어)
  Xiànzài bā diǎn bàn.

- 今天 星期五。(주어, 위어)
  Jīntian xīngqīwǔ.

- 我看晚上七点一刻的电影。(정어)
  Wǒ kàn wǎnshang qī diǎn yí kè de diànyǐng.

- 我明天上午有课。(상어)
  Wǒ míngtian shàngwǔ yǒu kè.

❺ 한 문장에서 장소를 나타내는 상어와 시간을 나타내는 상어가 둘 다 있을 때, 시간 상어를 장소 상어 앞에 둔다.

- 我晚上在宿舍看书。(○)
  Wǒ wǎnshang zài sùshè kàn shū.
  晚上我在宿舍看书。(○)
  Wǎnshang wǒ zài sùshè kàn shū.
  我在宿舍晚上看书。(×)

- 去年我在北京学习。(○)
  Qùnián wǒ zài Běijīng xuéxí.
  我去年在北京学习。(○)
  Wǒ qùnián zài Běijīng xuéxí.
  我在北京去年学习。(×)

1

A：现在几点?
B：七点半。

八点一刻	十二点	差十分十点	两点
十一点	十二点		

3

A：什么时候出发?
B：七点一刻 出发。

上课	下课	去商店	看电影
做练习	睡觉		

八点	十二点	下午四点	晚上七点
晚上七点半	十点半		

3

A：你六点半 起床还是七点 起床?
B：我六点半 起床。

6:00	8:00	12:00	6:00	10:00
7:00	9:00	1:00	7:00	11:00
出发	上课	下课	吃晚饭	睡觉

4

A：你要什么?
B：我要啤酒。
A：你要几瓶?
B：两瓶。

苹果	咖啡	邮票	馒头
米饭	杂志		

斤	杯	张	个
碗	本		

两斤	四杯	八张	两个
一碗	三本		

1 녹음을 듣고 발음연습을 해 보세요.  8-4

① měi tiān　　míngtian　　qǐ chuáng　　qìchuán

chūfā　　shūfǎ　　jiàoshì　　jiàoshī

xǐ zǎo　　qǐ zǎo　　shuì jiào　　shuǐdào

② yí piàn hǎoxīn　　　yì fān fēng shùn　　　yì wǔ yì shí

yì xīn yí yì　　　yì yán wéi dìng　　　yíqiè shùnlì

③ 每天　　每星期　　每月　　每年

每个同学　　每件大衣　　每个老师　　每本词典

八点半　　十点半　　半天　　半月　　半年　　半个

上课　　上车　　上学　　带午饭　　带词典　　带钱

2 녹음을 듣고, 장동의 하루 일과와 맞는 그림을 고르세요. (　　　)  8-5

3 다음 보기에서 알맞은 단어를 선택하여 빈칸을 채우세요.

보기　　每　　点　　刻　　年　　早上

① 现在几________________？

② 现在八点一________________。

③ 我________________天下午都去操场锻炼身体。

④ 我每天________________七点半起床，八点吃早饭，八点四十五去教室。

⑤ 每________________都有很多留学生来中国学习。

4　다음 시간을 중국어로 쓰고 직접 말해 보세요.

① 6:30　→ ________________　② 7:45　→ ________________

③ 2:00　→ ________________　④ 9:55　→ ________________

⑤ 12:15　→ ________________　⑥ 10:30　→ ________________

⑦ 2:25　→ ________________　⑧ 11:50　→ ________________

5　그림을 보고, 대화를 완성한 후 옆 사람과 대화해 보세요.

① A: 你早上几点机床?

　　B: ________________。

② A: 你几点吃早饭?

　　B: ________________。

③ A: 你下午几点锻炼身体?

　　B: ________________。

④ A: 你几点看电视?

　　B: ________________。

爱德华的一天

爱德华是加拿大留学生，现在在我们学校学习汉语。他学习很努力。每天差十分七点起床，早上他不锻炼身体，也不吃早饭。他读课文、记生词、复习语法。他七点三刻去教室，八点上课。上午有四节课。休息的时候，他去喝一杯咖啡，吃一点儿东西。十二点下课。下课以后他去食堂吃午饭。中午他不睡觉，常常看书或者跟朋友聊天儿。

星期二下午有两节课，两点上课，四点下课。下午没有课的时候，他常常去图书馆做练习、看书，或者上网查资料。

每天四点半，他去操场锻炼身体，跑步、打球，五点半回宿舍，洗澡、洗衣服。七点钟吃晚饭。晚上他看电视、听音乐、写汉字、做练习、预习生词和课文，十一点多睡觉。

爱德华每天都很忙。他说，学习汉语比较难，但是很有意思。

단어 plus

加拿大 Jiānádà 명 캐나다

努力 nǔlì 형 열심이다, 노력하다

跑步 pǎo bù 동 뛰다, 달리다

打球 dǎ qiú 동 공을 치다, 구기운동을 하다

起床	起床	起床			

起床 qǐ chuáng 동 일어나다, 기상하다

早饭	早饭	早饭			

早饭 zǎofàn 명 아침 식사

差	差	差			

差 chà 동 형 부족하다, 모자라다 / 나쁘다, 좋지 않다

教室	教室	教室			

教室 jiàoshì 명 교실

操场	操场	操场			

操场 cāochǎng 명 운동장

锻炼	锻炼	锻炼			

锻炼 duànliàn 동 단련하다, 운동하다

洗澡	洗澡	洗澡			

洗澡 xǐ zǎo 동 목욕하다, 샤워하다

睡觉	睡觉	睡觉			

睡觉 shuì jiào 동 (잠을) 자다

중국 소수민족 이야기
장족(藏族)

중국은 전 인구의 92%를 점하는 한족과 55개의 소수민족으로 구성된 다민족 국가이다. 55개 소수민족 중 장족(壯族)의 인구가 가장 많다. 그 밖에 회족, 위구르족, 장족(藏族)의 비중이 큰 편이며, 중국 정부는 주요 소수민족에 대해 자치권을 확대해 주고 있다.

장족(藏族)은 서장(西藏)자치구, 청해성(青海省), 감숙성(甘肅省), 사천성(四川省), 운남성(云南省)의 고원지대에 거주한다.

라마교는 종교에 대한 신앙심이 두터운 이 지역에 가장 깊이 뿌리를 내렸다.

가축의 가죽이나 야생동물의 털로 옷을 만들어 입는 것을 즐긴다. 바지와 외투는 대부분 안쪽이 모피로 된 것이고, 옷깃과 소매 부분은 색깔이 있는 천이나 엷은 모피로 테두리를 두른 것이 많다. 머리에는 모자나 모피를 두르고, 머리카락을 길게 땋아 액세서리를 함께 착용한 모습을 흔히 볼 수 있다.

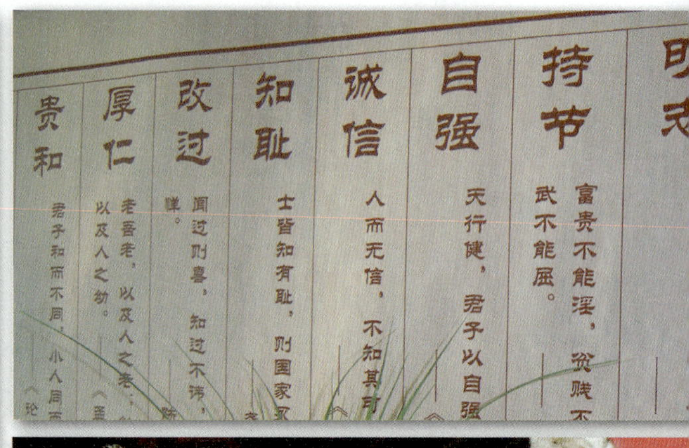
持节 富贵不能淫，贫贱不
武不能屈。
自强 天行健，君子以自强
诚信 人而无信，不知其可
知耻 士皆知有耻，则国家
改过 闻过则喜，知过不讳，
悖。
厚仁 老吾老，以及人之老；
以及人之幼。
贵和 君子和而不同，小人同
《论

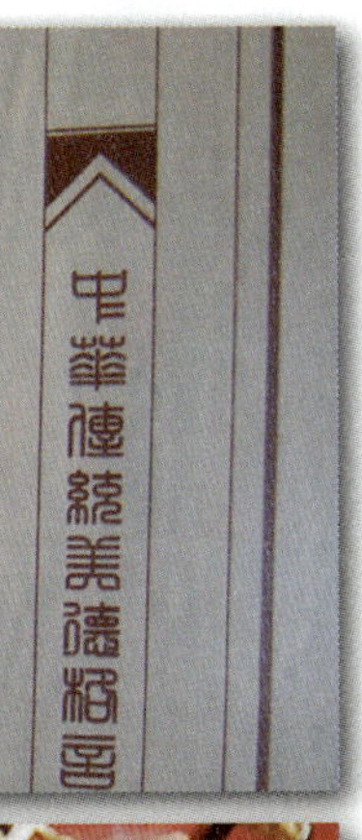

第九课

我打算请老师教我京剧

Wǒ dǎsuan qǐng lǎoshī jiāo wǒ jīngjù

저는 선생님께 경극을 가르쳐 달라고 할 생각입니다

학습목표

발음(发音)　겸어문의 중음

회화(会话)　취미에 대해 이야기하기 ①

문법(语法)　겸어문, 就

1 겸어문의 중음

1) [겸어+동사]로 이루어진 문장은 동사를 강하게 발음한다.

请你回答。
Qǐng nǐ huídá.

请你参加。
Qǐng nǐ cānjiā.

2) [겸어+동사+빈어]로 이루어진 문장은 빈어를 강하게 발음한다.

公司派我来中国。
Gōngsī pài wǒ lái Zhōngguó.

请老师教书法。
Qǐng lǎoshī jiāo shūfǎ.

□01	叫	jiào	통 ~하게 하다, 부르다
□02	让	ràng	통 ~하도록 하다
□03	大家	dàjiā	대 여러분, 모두들
□04	谈	tán	통 이야기하다
□05	自己	zìjǐ	대 자기, 자신
□06	爱好	àihào	명 통 취미 / 즐기다, 애호하다
□07	京剧	jīngjù	명 경극
□08	喜欢	xǐhuan	통 좋아하다
□09	非常	fēicháng	부 매우, 아주
□10	唱	chàng	통 노래하다, 부르다
□11	玩儿	wánr	통 놀다, 장난하다
□12	电脑	diànnǎo	명 컴퓨터
□13	下课	xià kè	통 수업이 끝나다
□14	感到	gǎndào	통 느끼다, 여기다
□15	心情	xīnqíng	명 마음, 기분, 정서
□16	愉快	yúkuài	형 기쁘다, 유쾌하다, 즐겁다
□17	业余	yèyú	형 여가의
□18	以前	yǐqián	명 이전
□19	就	jiù	부 즉시, 바로, 벌써
□20	对	duì	개 ~에 대하여
□21	书法	shūfǎ	명 서예
□22	特别	tèbié	부 특별히, 대단히
□23	感兴趣	gǎn xìngqù	흥미를 느끼다

＊ 兴趣 xìngqù 명 관심, 흥미

□24	派	pài	통 파견하다, 보내다
□25	高兴	gāoxìng	형 기쁘다, 즐겁다
□26	画	huà	통 (그림을) 그리다
□27	画儿	huàr	명 그림
□28	田中	Tiánzhōng	고유명사 다나카 (인명)

상황　강의실에서 수업 시간에 왕 선생님이 학생들에게 취미를 묻고 있다.

你有什么爱好

Nǐ yǒu shénme àihào

老师：　今天想请大家谈谈自己的爱好[1]。谁先说？
Jīntiān xiǎng qǐng dàjiā tántan zìjǐ de àihào.　　Shéi xiān shuō?

玛丽：　老师，让我先说[1]吧。
Lǎoshī, ràng wǒ xiān shuō ba.

老师：　好，你说吧。你有什么爱好？
Hǎo, nǐ shuō ba.　　Nǐ yǒu shénme àihào?

玛丽：　我的爱好是看京剧。
Wǒ de àihào shì kàn jīngjù.

老师：　你喜欢看京剧？
Nǐ xǐhuan kàn jīngjù?

玛丽：　是啊[1]，非常喜欢。
Shì a, fēicháng xǐhuan.

我还想学唱京剧，打算请一位老师教我。
Wǒ hái xiǎng xué chàng jīngjù, dǎsuan qǐng yí wèi lǎoshī jiāo wǒ.

老师：　麦克，你喜欢做什么？
Màikè, nǐ xǐhuan zuò shénme?

麦克：　我喜欢玩电脑。
Wǒ xǐhuan wán diànnǎo.

老师： **罗兰呢？**
Luólán ne?

罗兰： **我喜欢听音乐，下课以后[2]，听听音乐或者**
Wǒ xǐhuan tīng yīnyuè, xià kè yǐhòu, tīngting yīnyuè huòzhě

跟朋友聊聊天儿，感到心情很愉快。
gēn péngyou liáoliao tiānr, gǎndào xīnqíng hěn yúkuài.

老师： **田中业余时间常常做什么？**
Tiánzhōng yèyú shíjiān chángcháng zuò shénme?

田中： **我来中国以前[2]就[2]对书法[3]特别感兴趣。**
Wǒ lái Zhōngguó yǐqián jiù duì shūfǎ tèbié gǎn xìngqù.

今年公司派我来中国，我非常高兴。
Jīnnián gōngsī pài wǒ lái Zhōngguó, wǒ fēicháng gāoxìng.

现在我正跟一位老师学书法，还学画中国画儿。
Xiànzài wǒ zhèng gēn yí wèi lǎoshī xué shūfǎ, hái xué huà Zhōngguó huàr.

표 현 ❶

是啊

어기조사(语气助词) 啊 a는 문장 뒤에 붙어서 긍정 또는 설명의 어기를 나타낸다.

啊의 발음은 바로 앞음절 끝소리의 영향을 받아 변하는데, 변화의 규칙은 다음과 같다.

1) 앞음절이 a, e, i, o, ü로 끝날 경우, ya로 읽고 呀로 쓴다.

2) 앞음절이 u, ou, ao로 끝날 경우, wa로 읽고 哇로 쓴다.

3) 앞음절이 n으로 끝날 경우, na로 읽고 哪로 쓴다.

4) 앞음절이 ng으로 끝날 경우, nga로 읽는다.

5) zhi, chi, shi, ri, zi, ci, si의 뒤에서는 그냥 a로 읽고 啊로 쓴다.

6) r의 뒤에서도 a로 읽고 啊로 쓴다.

표 현 ❷

以前과 以后

以前과 以后는 시간명사로 문장에서 단독으로 쓸 수 있다.

• 以前我是公司职员，现在是留学生。
  Yǐqián wǒ shì gōngsī zhíyuán, xiànzài shì liúxuéshēng.

• 现在他是学生，以后想当教师。
  Xiànzài tā shì xuésheng, yǐhòu xiǎng dāng jiàoshī.

 바로 앞에 단어를 붙여 쓸 수 있는데, 이때는 시간을 나타내는 시간조사로 상어가 된다. 예를 들면 '……+以前'과 '……+以后'와 같다.

- [来中国以前]我是公司职员。
  Lái Zhōngguó yǐqián wǒ shì gōngsī zhíyuán.

- 我[一个星期以后]回来。
  Wǒ yí ge xīngqī yǐhòu huílai.

표 현 ❸

对书法感兴趣

개사구 [对+명사]는 문장에서 상어로서 위어 앞에 놓여, 感兴趣라는 동사구의 대상을 나타낸다.

- 她对这件事不感兴趣
  Tā duì zhè jiàn shì bù gǎn xìngqù.

- 我对京剧感兴趣。
  Wǒ duì jīngjù gǎn xìngqù.

 我感兴趣京剧。(×)

문 법 ❶ **겸어문**

중국어 표현 중 '누군가로 하여금 어떤 일을 하게 하다'의 의미를 나타낼 때,
겸어문을 사용한다. 겸어문의 위어는 두 개의 [동사 + 빈어구]로 구성되며,
첫 번째 동사의 빈어가 두 번째 동사의 주어가 된다. 이때 이 첫 번째 동사
의 빈어를 빈어와 주어의 역할을 겸한다고 하며 '겸어'라고 부른다.
겸어문의 첫 번째 동사로 보통 请, 叫, 让과 같이 사역의 의미를 갖는 동사
가 쓰인다.

겸어문의 어순은 다음과 같다.

주어①	+	(사역)동사①	+	빈어① + 주어② 겸어	+동사②	+빈어②
(我)		请		你们	谈谈	自己的爱好。
老师		叫		大家	回答	问题。
公司		派		他	来	中国。
我	想	请		一位老师	教	我书法。

이 때 주의할 점은, 부정부사 不, 没는 두 번째 동사가 아닌 첫 번째 동사, 즉 사역동
사 앞에 놓인다.

- 他不让我走。
  Tā bú ràng wǒ zǒu.

- 妈妈不让我出去玩儿。
  Māma bú ràng wǒ chūqu wánr.

문 법 ❷ **就: 이미, 벌써**

이 절에 쓰이는 就는 시간부사로 일의 발생이나 완성은 예상했던 시간보다
이르고 빠르다는 뜻이다.

- 我来中国以前就对书法特别感兴趣。
  Wǒ lái Zhōngguó yǐqián jiù duì shūfǎ tèbié gǎn xìngqù.

1

A：你请老师教什么？
B：我请老师教京剧。

汉语	英语	电脑	书法
法语	画画儿		

2

A：公司 派 他做什么？
B：公司 派 他
　去中国学习汉语。

老师	你 / 我朋友	你 / 我	妈妈
女朋友	经理		

你 / 我	你 / 我	老师	你 / 我
你 / 我	你 / 我		

让	让	请	让
请	请		

回答问题	帮他借书	教京剧	帮她买邮票
喝咖啡	跳舞		

3

A：业余时间你常常做什么？
B：我常常听音乐。

看电视	看电影	看书	打网球
玩电脑	跟朋友聊天儿		

4

A：你对什么感兴趣？
B：我对书法感兴趣。

太极拳	京剧	武术	中国画

网球 wǎngqiú 명 테니스　　太极拳 tàijíquán 명 태극권　　武术 wǔshù 명 무술

1 녹음을 듣고 발음연습을 해 보세요. 9-3

① zìjǐ　　　　zhǐjǐ　　　　jīngjù　　　　jīngjì

　yèyú　　　　yěxǔ　　　　fēicháng　　　péicháng

　xìngqù　　　xīngqī　　　yǐqián　　　　yì nián

② bù dǒng wàiyǔ　　　bú bì kèqi　　　　bú yào kuàng kè

　bú pà kùnnan　　　　bù nán xué huì　　bú yào hòutuì

③ 来啊　　　去啊　　　跑啊　　　走啊　　　好啊　　　是啊

　喜欢汉语　　　喜欢音乐　　　喜欢学习　　　喜欢看电视

　上课以前　　　睡觉以前　　　下课以后　　　回家以后

　派我来中国　　　派他去上海　　　让我们谈爱好

　请老师教书法　　　请老师教英语　　　请老师教京剧

2 녹음을 듣고, 아래의 문장이 녹음 내용과 일치하는지 ○/✕ 로 판단하세요. 9-4

① 玛丽跟罗兰去图书馆。　　　　　　（　　　　　）

② 王老师去金老师的办公室。　　　　（　　　　　）

③ 他们明天要见面。　　　　　　　　（　　　　　）

3 다음 보기에서 알맞은 단어를 선택하여 빈칸을 채우세요.

보기　　对　　让　　爱好　　以前　　喜欢

① 我＿＿＿＿＿中国文化非常感兴趣。

② 我来中国＿＿＿＿＿是公司职员。

③ 老师＿＿＿＿＿我们谈谈自己的爱好。

④ 我＿＿＿＿＿吃中国菜。

⑤ 我的＿＿＿＿＿是画画儿。

4 괄호 안의 단어를 알맞은 위치에 넣으세요.

① 我 A 很少看电视，有时候我 B 看看 C 天气预报 D。　（只）

② 星期六 A 和星期日 B 我 C 常 D 看足球比赛。　（也）

③ A 她 B 喜欢 C 看 D 京剧。　（非常）

④ A 业余时间 B 你们 C 做 D 什么?　（常）

⑤ A 业余时间 B 我们 C 喜欢 D 看电视。　（都）

5 그림을 보고, 아래의 예와 같이 옆 사람과 대화해 보세요.

예

A：你喜欢唱歌吗?

B：喜欢。

A：你喜欢跳舞吗?

B：不喜欢，你呢?

A：我喜欢唱歌也喜欢跳舞。

①  

听音乐　　　看京剧

②  

看足球　　　学武术

③  

吃米饭　　　吃面条儿

④  

喝咖啡　　　喝茶

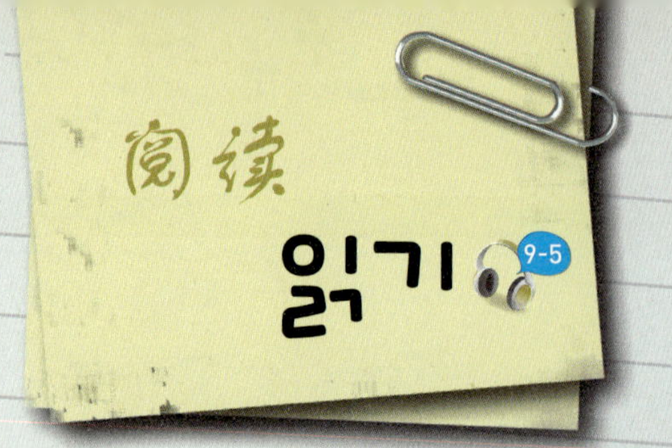

玛丽的日记

十一月二日　星期三　晴

　　今天上课的时候，老师让我们谈谈自己的爱好。老师让我先说。我说我非常喜欢看京剧。老师感到很惊讶。她问："你喜欢看京剧？"我说我非常喜欢。我知道，在中国，有不少年轻人不喜欢看京剧。我这个"老外"这么喜欢看京剧，老师当然感到很惊讶。

　　我们班的同学都谈了自己的爱好。麦克说他喜欢玩儿电脑。他有一个笔记本电脑，业余时间他常常练习在电脑上用汉语写东西。罗兰喜欢音乐。她说下课以后听听音乐，跟朋友聊聊天儿，感到心情很愉快。田中同学说，他来中国以前就对书法很感兴趣。他现在正跟一位老师学习书法。我也打算学唱京剧，想请一位老师教我。我希望以后能参加演出。

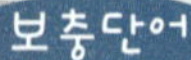 보충단어

惊讶 jīngyà 형 의아하다, 놀랍다　　　　老外 lǎowài 명 외국인
笔记本 bǐjìběn 명 노트북　　　　　　希望 xīwàng 동 희망하다, 바라다
演出 yǎnchū 명 동 공연 / 공연하다

大家	大家	大家			

大家 dàjiā **대** 여러분, 모두들

爱好	爱好	爱好			

爱好 àihào **명** **동** 취미 / 즐기다, 애호하다

京剧	京剧	京剧			

京剧 jīngjù **명** 경극

喜欢	喜欢	喜欢			

喜欢 xǐhuan **동** 좋아하다

非常	非常	非常			

非常 fēicháng **부** 매우, 아주

电脑	电脑	电脑			

电脑 diànnǎo **명** 컴퓨터

心情	心情	心情			

心情 xīnqíng **명** 마음, 기분, 정서

愉快	愉快	愉快			

愉快 yúkuài **형** 기쁘다, 유쾌하다, 즐겁다

地铁站
后圆恩寺胡
陆拾號
BAR & RESTAURANT
南锣鼓巷

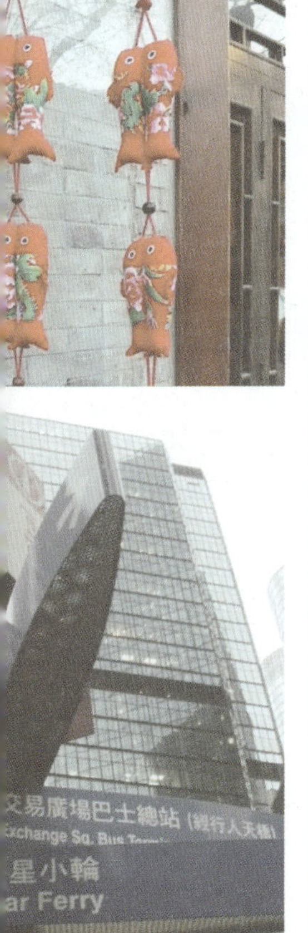

第十课

学校里边有邮局吗

Xuéxiào lǐbian yǒu yóujú ma

학교 안에는 우체국이 있습니까

발음(发音) 有, 是가 있는 문장의 중음

회화(会话) 길 묻기

문법(语法) 방위사, 존재의 표현

개사 离, 从, 往

1 **有, 是가 있는 문장의 중음**

동사 有, 是가 존재를 나타낼 때도 빈어에 중음을 준다.

- A : 学校里边有邮局吗？
  Xuéxiào lǐbian yǒu yóujú ma?

  B : 学校里边有邮局。
  Xuéxiào lǐbian yǒu yóujú.

- A : 宿舍楼东边儿是什么地方？
  Sùshè lóu dōngbianr shì shénme dìfang?

  B : 宿舍楼东边儿是一个足球场。
  Sùshè lóu dōngbianr shì yí ge zúqiúchǎng.

□01	…边	…biān	명	~쪽, ~측

✽ 东边 dōngbian 명 동쪽 ｜ 西边 xībian 명 서쪽 ｜ 南边 nánbian 명 남쪽

北边 běibian 명 북쪽 ｜ 前边 qiánbian 명 앞쪽 ｜ 后边 hòubian 명 뒤쪽

左边 zuǒbian 명 왼쪽 ｜ 右边 yòubian 명 오른쪽 ｜ 里边 lǐbian 명 안(쪽)

外边 wàibian 명 바깥쪽 ｜ 上边 shàngbian 명 위(쪽) ｜ 下边 xiàbian 명 아래(쪽)

□02	离	lí	개	~에서, ~로부터
□03	远	yuǎn	형	멀다
□04	近	jìn	형	가깝다
□05	地方	dìfang	명	곳, 장소
□06	足球场	zúqiúchǎng	명	축구장

✽ 足球 zúqiú 명 축구

□07	劳驾	láo jià	동	죄송합니다, 실례합니다
□08	打听	dǎting	동	물어보다, 알아보다
□09	博物馆	bówùguǎn	명	박물관
□10	和平	hépíng	명	평화
□11	广场	guǎngchǎng	명	광장
□12	中间	zhōngjiān	명	중간, 사이
□13	从	cóng	개	~에서, ~로부터
□14	到	dào	동 개	도착하다 / ~까지
□15	米	mǐ	양	미터(m)
□16	一直	yìzhí	부	곧장, 줄곧
□17	红绿灯	hónglǜdēng	명	(교통) 신호등

✽ 绿 lǜ 형 푸르다 ｜ 灯 dēng 명 등

□18	往	wǎng	개	~쪽으로, ~(을) 향해
□19	左	zuǒ	명	왼쪽

✽ 右 yòu 명 오른쪽

□20	拐	guǎi	동	방향을 바꾸다, 꺾다
□21	马路	mǎlù	명	찻길, 대로, 큰 길

✽ 路 lù 명 길

□22	座	zuò	양	채(산, 건축물, 교량 등 비교적 크고 단단한 것이나 고정된 물체를 세는 양사)
□23	白色	báisè	명	흰색

🌼 **상황 1 캠퍼스에서**　야마모토가 장동에게 학교 안에 우체국이 있는지 묻고 있다.

学校里边有邮局吗

Xuéxiào lǐbian yǒu yóujú ma

山本：　学校里边[1]有[2]邮局吗？
　　　　Xuéxiào lǐbian yǒu yóujú ma?

张东：　有。
　　　　Yǒu.

山本：　邮局在[2]哪儿？
　　　　Yóujú zài nǎr?

张东：　在图书馆西边。
　　　　Zài túshūguǎn xībian.

山本：　离[3]这儿远吗？
　　　　Lí zhèr yuǎn ma?

张东：　不远。　很近。
　　　　Bù yuǎn.　Hěn jìn.

山本：　图书馆东边是什么地方？
　　　　Túshūguǎn dōngbian shì shénme dìfang?

张东：　图书馆东边是一个足球场。
　　　　Túshūguǎn dōngbian shì yí ge zúqiúchǎng.

⭐ **상황 2 거리에서**　마리가 행인에게 박물관에 가는 길을 묻고 있다.

从这儿到博物馆有多远

Cóng zhèr dào bówùguǎn yǒu duō yuǎn

玛丽：　劳驾，我打听一下儿，博物馆在哪儿？
Láo jià, wǒ dǎting yíxiàr, bówùguǎn zài nǎr?

路人：　博物馆在东边，在和平公园和人民广场中间。
Bówùguǎn zài dōngbian, zài Hépíng Gōngyuán hé Rénmín Guǎngchǎng zhōngjiān.

玛丽：　离这儿有[1]多[2]远？
Lí zhèr yǒu duō yuǎn?

路人：　从[3]这儿到那儿大概有七八[3]百米。
Cóng zhèr dào nàr dàgài yǒu qī bā bǎi mǐ.

玛丽：　怎么走呢？
Zěnme zǒu ne?

路人：　你从这儿一直往[3]东走，到红绿灯那儿往左拐，
Nǐ cóng zhèr yìzhí wǎng dōng zǒu, dào hónglǜdēng nàr wǎng zuǒ guǎi,

　　　　马路东边有一座白色的大楼，那就是博物馆。
mǎlù dōngbian yǒu yí zuò báisè de dà lóu, nà jiù shì bówùguǎn.

玛丽：　谢谢您！
Xièxie nín!

路人：　不客气。
Bú kèqi.

표 현 ❶

离这儿有多远

이 문장에서 有는 일정한 수량이나 정도에 다다랐음을 나타낸다.

- 她有二十岁。
  Tā yǒu èrshi suì.

- 从这儿到博物馆有两三公里。
  Cóng zhèr dào bówùguǎn yǒu liǎng sān gōnglǐ.

표 현 ❷

多……?

[多＋远/高/大/重/长]을 이용해 거리, 높이, 나이, 면적, 중량, 길이 등을 묻는다.

❶ 거리를 물을 때
  A : 从学校到博物馆(有)多远?
  Cóng xuéxiào dào bówùguǎn (yǒu) duō yuǎn?
  B : 有五六公里。
  Yǒu wǔ liù gōnglǐ.

❷ 높이, 키 등을 물을 때
  A : 你多高?
  Nǐ duō gāo?
  B : 一米七八。
  Yì mǐ qī bā.

❸ 나이를 물을 때

A : 小王多大?

　　Xiǎo Wáng duō dà?

B : 他二十岁。

　　Tā èrshi suì.

❹ 중량을 물을 때

A : 这个箱子多重?

　　Zhè ge xiāngzi duō zhòng?

B : 20公斤。

　　Èrshi gōngjīn.

❺ 길이를 물을 때

A : 长江有多长?

　　Cháng Jiāng yǒu duō cháng?

B : 6300多公里。

　　Liùqiān sānbǎi duō gōnglǐ.

有七八百米

연이은 두 개의 숫자를 붙여서 대략적인 어림수를 나타낸다.

- 五六百米　　wǔ liù bǎi mǐ
- 三四公里　　sān sì gōnglǐ
- 十七八个　　shíqī bā ge
- 二十三四岁　èrshisān sì suì

公里 gōnglǐ 양 킬로미터(km)

문법 ❶　방위사

방향, 위치를 나타내는 명사를 방위사라 한다. 1음절, 2음절 방위사가 있는데, 2음절 방위사는 1음절 방위사의 뒤에 접미사인 边을 붙여 만든다.

중국어 방위사의 종류는 다음 표와 같다.

东 동	西 서	南 남	北 북	前 앞	后 뒤
东边 dōngbian	西边 xībian	南边 nánbian	北边 běibian	前边 qiánbian	后边 hòubian

左 좌	右 우	上 위	下 아래	里 안	外 밖	旁 옆
左边 zuǒbian	右边 yòubian	上边 shàngbian	下边 xiàbian	里边 lǐbian	外边 wàibian	旁边 pángbiān

주의! 旁(옆) → 旁边 pángbiān: 旁边의 边은 접미사가 아니고 명사 '옆'이라는 뜻이며, 경성으로 읽지 않는다.

방위사의 용법은 다음과 같다.

❶ 방위사는 명사와 같이 문장에서 주어, 빈어, 정어, 피수식어인 중심어가 될 수 있다.

- 里边有个人。(주어)
  Lǐbian yǒu ge rén.

- 邮局在西边。(빈어)
  Yóujú zài xībian.

- 左边的椅子是我的。(정어)
  Zuǒbian de yǐzi shì wǒ de.

- 前边的学生是我们班的。(정어)
  Qiánbian de xuésheng shì wǒmen bān de.

- 图书馆里边有很多阅览室。(중심어)
  Túshūguǎn lǐbian yǒu hěn duō yuèlǎnshì.

❷ 방위사가 정어로 쓰일 때는 뒤에 的를 붙인다.

外边的教室　　　　里边的房间　　　　前边的同学
wàibian de jiàoshì　　lǐbian de fángjiān　　qiánbian de tóngxué

❸ 방위사가 중심어로 쓰일 때는 일반적으로 앞에 的를 붙이지 않는다.

教室里边　　　　　学校外边　　　　　邮局东边
jiàoshì lǐbian　　　xuéxiào wàibian　　yóujú dōngbian

❹ 방위사 里边과 上边이 명사 뒤에 나올 때, 边은 보통 생략한다.

- 屋子里有很多人。
  Wūzi li yǒu hěn duō rén.

- 桌子上有很多书。
  Zhuōzi shang yǒu hěn duō shū.

❺ 국가명과 지명 뒤에는 里를 붙일 수 없다.

- 在中国里　　　（×）
- 在北京里　　　（×）

존재의 표현

존재를 표현하는 동사에는 在, 有와 是가 있다.

❶ 在는 어떤 특정적 인물이나 사물의 방위와 장소를 표시한다. 주어는 특정적인 인물과 사물이다.

명사 (사람 / 사물)	在	+	방위사 / 장소사
邮局	在		东边。
食堂	在		那边。
玛丽	在		教室里(边)。

❷ 有는 어떤 장소에 어떤 사람이나 사물이 존재함을 표시한다. 주어는 [장소사나 명사+방위사]이며 빈어는 불특정적인 인물이나 사물이다.

장소사/명사 +방위사	+ (没)有 +	명사 (사람 / 사물 / [수사+양사+명사]구)
学校里边	有	一个邮局。
邮局旁边	有	一个商店。
门前	有	很多自行车。
我的宿舍里	没有	电话。

❸ 어떤 장소에 어떤 사람 혹은 사물이 있다는 것을 아는데, 그 어떤 사람이 '누구'이며 어떤 사물이 '무엇'인지 정확하게 나타내야 할 경우에는 [방위사 / 장소사 + 是 + 명사]를 사용한다. 是의 빈어는 특정, 불특정적인 인물과 사물이 다 올 수 있다.

방위사 / 장소사	+ 是 +	명사 (사물 / 사람) 빈어
这个包里	是	什么东西？
这个包里	是	书和词典。
玛丽前边	是	麦克。
我家后边	是	一个公园儿。
补习班旁边	是	一家商店。
他左边	是	一个小孩儿。

문 법 ❸ **개사 离, 从, 往**

개사 离, 从, 往은 모두 장소사와 함께 동사 앞에서 상어로 쓰여 동작의 지점, 시작점, 방향 등을 나타낸다.

❶ 거리를 표시할 때: 离 + 장소사 (~로부터)

• 北京离上海1462公里。
　Běijīng lí Shànghǎi yìqiān sìbǎi liùshi'èr gōnglǐ.

• 上海离北京1462公里。
　Shànghǎi lí Běijīng yìqiān sìbǎi liùshi'èr gōnglǐ.

 北京从上海1462公里。（×）

上海从北京1462公里。（×）

❷ 시작점을 표시할 때: 从 + 방위사 / 장소사 / 시간사 (~에서부터)

- 太阳从东边升起。
  Tàiyáng cóng dōngbian shēngqǐ.

- 他从美国来中国。
  Tā cóng Měiguó lái Zhōngguó.

- 玛丽从学校去大使馆。
  Mǎlì cóng xuéxiào qù dàshǐguǎn.

❸ 방향을 표시할 때: 往 + 방위사 / 장소사 (~쪽으로)

- 从这儿往东走。
  Cóng zhèr wǎng dōng zǒu.

- 我要往那边去，你呢?
  Wǒ yào wǎng nàbian qù, nǐ ne?

- 往前一直走就是博物馆。
  Wǎng qián yìzhí zǒu jiù shì bówùguǎn.

太阳 tàiyáng 명 해, 태양   升起 shēngqǐ 동 떠오르다, 뜨다

大使馆 dàshǐguǎn 명 대사관   补习班 bǔxíbān 명 학원

1
A : 这个包里有什么?
B : 有<u>一些书</u>和<u>一本词典</u>。

| 一个手机 | 一件毛衣 | 两本杂志 | 几个橘子 |
| 两本书 | 一些日用品 | 一些照片 | 一些中药 |

2
A : 学校里边有<u>邮局</u>吗?
B : 有。

| 银行 | 医院 | 书店 | 食堂 |

3
A : 邮局在哪儿?
B : 在<u>东边</u>。
A : 离这儿远不远?
B : 不远。

| 西边 | 前边 | 南边 | 后边 |
| 北边 | 里边 | | |

4
A : 去邮局怎么走?
B : 从这儿一直往<u>东</u>走,
　　到红绿灯那儿往左拐。

| 西 | 南 | 北 | 前 |

5
A : <u>博物馆</u>有多远?
B : 大概<u>七八百米</u>。

这个房间	那个楼	这个箱子	那条河
大	高	重	长
二三十平方米	三四百米	二三十公斤	四五千公里

보충단어

高 gāo 〔형〕높다, (키가) 크다　　平方米 píngfāngmǐ 〔양〕제곱미터(m²)
公斤 gōngjīn 〔양〕킬로그램(kg)

1 녹음을 듣고 발음연습을 해 보세요. 🎧 10-4

❶ dìfang　　　dīfáng　　　zúqiú　　　chūqiū

　gōnglǐ　　　kōngqì　　　zhōngjiān　　zhòngdiǎn

　yìzhí　　　yì zhī　　　dà lóu　　　dǎ qiú

❷ dōngbian　　xībian　　　nánbian　　běibian

　shàngbian　xiàbian　　　zuǒbian　　yòubian

　lǐbian　　　wàibian　　　qiánbian　　hòubian

❸ 往前走　　　往后走　　　往左走　　　往右走

　往东跑　　　往西开　　　往南看　　　往北去

　往里坐　　　往外坐　　　往左拐　　　往右拐

　到红绿灯那儿　　　去朋友那儿　　　在老师那儿

　离家不远　　　离学校很近　　　离这儿很远

　有多长　　　有多远　　　有多大

2 대화를 듣고, 아래의 문장이 녹음 내용과 일치하는지 ○/✕ 로 판단하세요.  10-5

❶ 中国书店附近有玛丽家。　　　（　　　　）

❷ 中国银行和中国书店中间有张东家。　　　（　　　　）

❸ 张东家离玛丽家很近。　　　（　　　　）

3 A~D 중 알맞은 단어를 골라 빈칸을 채우세요.

❶ ____________ 这儿一直往前走，到红绿灯那儿往左拐。

　A. 在　　　B. 离　　　C. 从　　　D. 到

❷ 我们学校就____________ 公园东边。

　A. 是　　　B. 在　　　C. 有　　　D. 从

❸ 我__________学校去公园，她__________家去。

   A. 在　　　　B. 离　　　　C. 往　　　　D. 从

❹ 学校西边__________超市、公园和书店，还__________一个电影院。

   A. 是　　　　B. 在　　　　C. 有　　　　D. 往

❺ 我先去上海，再__________上海去广州。

   A. 在　　　　B. 离　　　　C. 从　　　　D. 给

❻ 我常__________爸爸妈妈打电话，不常写信。

   A. 跟　　　　B. 往　　　　C. 给　　　　D. 到

❼ 明天我__________朋友一起去商店买东西。

   A. 跟　　　　B. 给　　　　C. 从　　　　D. 在

5 그림을 보고, 아래의 예와 같이 옆 사람과 대화해 보세요.

> 예
>
> A：车站在哪儿？
> B：车站在北边。
> A：车站西边是什么地方？
> B：是旅馆。

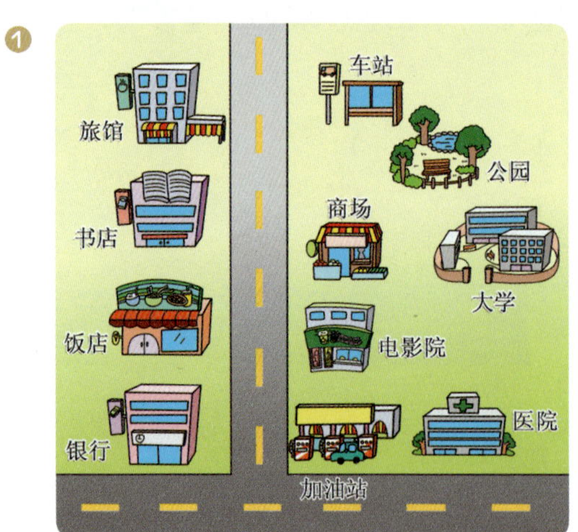

我迷路了

　　星期天，我一个人去城里玩儿。要回学校的时候，已经很晚了。我迷路了，不知道公共汽车站在哪儿。

　　我问一个人，去语言大学怎么坐车，那个人说，他不是北京人，不知道。这时候来了一辆出租车。

　　司机问我：“小姐，你去哪儿？”“回学校。”我说：“能告诉我去语言大学怎么走吗？”

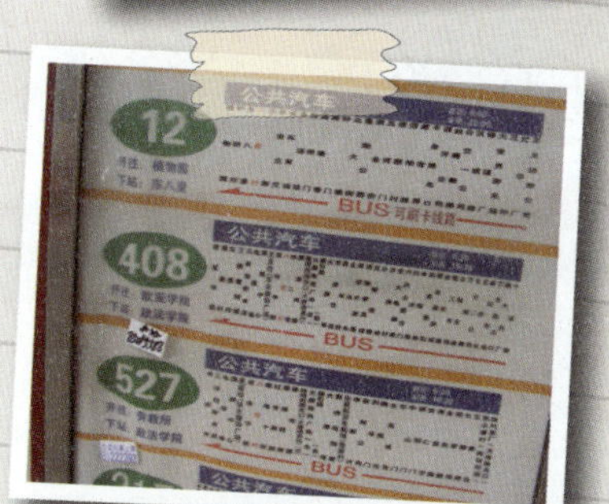

　　他说：“上车吧，我送你回学校。”我说：“对不起，我不坐出租车，我要坐公共汽车。”

　　这时候，前边有几个学生，我问他们去语言大学怎么走。一个男生说：“你是留学生吧？”我说：“是，我是语言大学的学生。”他说：“你跟我们一起走吧，我们是北京大学的。你们学校就在我们学校东边。”

　　我跟他们一起到了车站。他们对我说：“从这儿坐375路车，就可以到你们学校。”

　　上车以后，他们给我付了车钱，我给他们钱，他们不要。那个男生说：“算了吧，才一块钱。”车到了学校门口，我要下车的时候，想对他们说很多话，可是我只会说“谢谢、再见。”

迷路 mí lù 동 길을 잃다	公共汽车 gōnggòng qìchē 명 버스
司机 sījī 명 기사, 운전사	出租车 chūzūchē 명 택시
算了吧 suàn le ba 됐어, 그만 둡시다	付 fù 동 지불하다, 내다

足球场	足球场	足球场			

足球场 zúqiúchǎng 명 축구장

劳驾	劳驾	劳驾			

劳驾 láo jià 동 죄송합니다, 실례합니다

打听	打听	打听			

打听 dǎting 동 물어보다, 알아보다

博物馆	博物馆	博物馆			

博物馆 bówùguǎn 명 박물관

和平	和平	和平			

和平 hépíng 명 평화

广场	广场	广场			

广场 guǎngchǎng 명 광장

中间	中间	中间			

中间 zhōngjiān 명 중간, 사이

红绿灯	红绿灯	红绿灯			

红绿灯 hónglǜdēng 명 (교통) 신호등

문화 이야기

중국여행③-황산

황산(黃山 Huáng Shān)은 중국의 안휘성(安徽省) 제일 남쪽 끝, 장강(长江) 이남에 위치하고 있다. 1990년 12월 유네스코에 의해 세계자연유산으로 지정되었다.

황산은 기송(奇松), 기암(奇岩), 운해(云海)의 삼기(三奇)로 표현되며, 주로 화강암으로 이루어져 있다.

연간 평균 기온은 7~8℃로 거의 여름이 없다. 한여름에도 산기슭의 기온은 25~28℃이다.
운해를 볼 수 있는 계절은 7월 중순부터 9월 말까지이다. 겨울에는 눈이 내리지만 대설이 드물며 설경은 절경을 이룬다.

第十一课

我想学太极拳

Wǒ xiǎng xué tàijíquán

저는 태극권을 배우고 싶습니다

1 어조(语调) ④

조동사가 들어간 정반 의문문에서 긍정은 강하게, 부정은 약하게 읽고, 문미의 어조를 낮춘다. 대답할 때 조동사는 강하게 읽어야 한다.

- A : 你想不想学? ↗
  Nǐ xiǎng bu xiǎng xué?

  B : 想学。 ↘
  Xiǎng xué.

☐ 01	会	huì	조동 동 ~할 줄 안다, ~할 것이다 / 능숙하다
☐ 02	打	dǎ	동 (놀이, 운동 등을) 하다
☐ 03	太极拳	tàijíquán	명 태극권
☐ 04	听说	tīngshuō	동 듣건대 ~라고 한다
☐ 05	下	xià	명 다음
☐ 06	报名	bào míng	동 신청하다, 등록하다
☐ 07	开始	kāishǐ	동 시작하다
☐ 08	能	néng	조동 ~할 수 있다
☐ 09	再	zài	부 다시
☐ 10	遍	biàn	양 번, 회(횟수를 세는 양사)
☐ 11	懂	dǒng	동 알다, 이해하다
☐ 12	舒服	shūfu	형 편안하다
☐ 13	意思	yìsi	명 뜻, 의미
☐ 14	次	cì	양 번, 회, 차례(횟수를 세는 양사)
☐ 15	小时	xiǎoshí	명 시간
☐ 16	请假	qǐng jià	동 휴가를 신청하다, 결석계를 내다
☐ 17	头疼	tóuténg	형 머리가 아프다

＊ 头 tóu 명 머리 ┃ 疼 téng 형 아프다

☐ 18	发烧	fā shāo	동 열이 나다
☐ 19	可能	kěnéng	부 어쩌면 ~일지도 모른다
☐ 20	咳嗽	késou	동 기침을 하다
☐ 21	感冒	gǎnmào	명 동 감기 / 감기에 걸리다
☐ 22	了	le	조 동작 또는 변화가 이미 완료되었거나 새로운 상황이 출현함을 나타냄

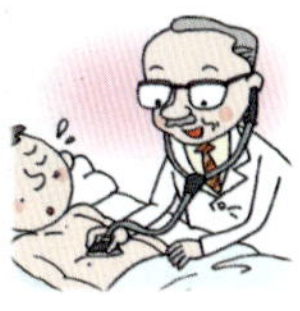

☐ 23	看病	kàn bìng	동 (의사가) 진찰하다, 치료하다, (환자가) 진찰받다

＊ 病 bìng 명 병

상황 1　캠퍼스에서　마리와 롤랜드가 이야기를 나누고 있다.

我想学太极拳
Wǒ xiǎng xué tàijíquán

玛丽：　你**会**[1]打太极拳吗?
Nǐ huì dǎ tàijíquán ma?

罗兰：　不会。你呢?
Bú huì.　Nǐ ne?

玛丽：　我也不会。你**想不想**[1]学?
Wǒ yě bú huì.　Nǐ xiǎng bu xiǎng xué?

罗兰：　想学。
Xiǎng xué.

玛丽：　我也想学。听说体育老师下星期教太极拳,
Wǒ yě xiǎng xué.　Tīngshuō tǐyù lǎoshī xià xīngqī jiāo tàijíquán,

我们去报名吧。
wǒmen qù bào míng ba.

罗兰：　好。
Hǎo.

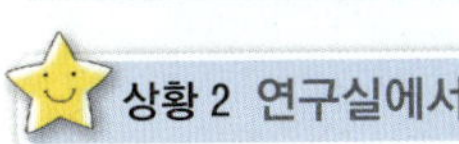

마리와 롤랜드가 체육학과 선생님을 찾아 갔다.

您能不能再说一遍

Nín néng bu néng zài shuō yí biàn

玛丽： 老师，我们想学太极拳，现在可以报名吗？
Lǎoshī, wǒmen xiǎng xué tàijíquán, xiànzài kěyǐ bào míng ma?

老师： 可以。
Kěyǐ.

玛丽： 什么时候开始上课？
Shénme shíhou kāishǐ shàng kè?

老师： 下星期一。
Xià xīngqīyī.

玛丽： 每天下午都有课吗？
Měi tiān xiàwǔ dōu yǒu kè ma?

老师： 不，只一三五下午。
Bù, zhǐ yī sān wǔ xiàwǔ.

玛丽： 对不起，您能不能再[1]说一遍？
Duìbuqǐ, nín néng bu néng zài shuō yí biàn?
我不懂"一三五"是什么意思。
Wǒ bù dǒng "yī sān wǔ" shì shénme yìsi.

老师： 就是星期一、星期三、星期五。
Jiùshì xīngqīyī, xīngqīsān, xīngqīwǔ.

玛丽： 从几点到²几点上课？
Cóng jǐ diǎn dào jǐ diǎn shàng kè?

玛丽： 四点半到五点半。 一次一个小时。
Sì diǎn bàn dào wǔ diǎn bàn.　 Yí cì yí ge xiǎoshí.

星期一下午……

老师： 玛丽！ ……玛丽怎么²没来？
Mǎlì!　 …… Mǎlì zěnme méi lái?

罗兰： 老师，玛丽让我给她请个假。 她今天有点儿不舒服，
Lǎoshī, Mǎlì ràng wǒ gěi tā qǐng ge jià.　　　 Tā jīntian yǒudiǎnr bù shūfu,

头疼，发烧，咳嗽，可能感冒了。
tóuténg, fā shāo, késou, kěnéng gǎnmào le.

她要去医院看病，不能来上课。
Tā yào qù yīyuàn kàn bìng, bù néng lái shàng kè.

표현 ❸

您能不能再说一遍?

부사 再는 동사 앞에서 상어가 되며, 아직 실현되지 않은 동작 또는 상태의 중복을 나타낸다.

- 您再说一遍，好吗?
  Nín zài shuō yí biàn, hǎo ma?

- 明天我再来。
  Míngtian wǒ zài lái.

표현 ❷

从几点到几点上课?

'从……到……'의 형식은 개사구로 문장에서 상어의 역할을 하며, 시간이나 장소의 시작점과 끝나는 점을 나타낸다. '从A到B'는 'A에서 B까지'의 뜻이다.

- 我们上午从八点到十二点上课。
  Wǒmen shàngwǔ cóng bā diǎn dào shí'èr diǎn shàng kè.

- 从七月十号到八月三十一号放假。
  Cóng qī yuè shí hào dào bā yuè sānshiyī hào fàng jià.

- 从银行到书店不太远。
  Cóng yínháng dào shūdiàn bú tài yuǎn.

문법 ❶　조동사

会, 想, 要, 能, 可以 등의 조동사는 추측, 능력, 요구, 희망, 가능 등을 나타내며 동사, 동사구, 형용사, 형용사구, 주위구를 빈어로 한다. 명사나 대사가 빈어로 올 수 없다. 부정을 나타낼 때는 不를 사용한다.
조동사의 정반 의문문 형식은 동사의 긍정형과 부정형을 병렬하는 것이 아니라, 조동사의 긍정형과 부정형을 병렬한다. 조동사는 중첩해서 사용할 수 없으며, 끝에 了를 붙일 수 없다.

다음의 주요 조동사의 용법을 살펴 보자.

❶ 会
어떤 일을 배워서 할 능력이 있다는 것을 나타내고, 부정은 [不会 + 동사 + 명사]이다.

- 她会说汉语。
  Tā huì shuō Hànyǔ.

- A : 你会不会打太极拳？（→ 你会打不打太极拳？ ×）
  Nǐ huì bu huì dǎ tàijíquán?

  B : 我不会打太极拳。
  Wǒ bú huì dǎ tàijíquán.

❷ 想
화자의 희망, 소망, 계획, 요구 등을 나타낸다.

- 很多外国学生想来中国留学。
  Hěn duō wàiguó xuésheng xiǎng lái Zhōngguó liú xué.

- 你想不想学太极拳？（→ 你想学不学太极拳？ ×）
  Nǐ xiǎng bu xiǎng xué tàijíquán?

❸ 要
어떤 일을 하려는 희망이나 의지를 나타낸다. 부정은 不要가 아니라, 不想이다.

- A : 今天下午你想不想去商店？
  Jīntian xiàwǔ nǐ xiǎng bu xiǎng qù shāngdiàn?

  B : 我要学太极拳，不想去商店。（→ 我要学太极拳，不要去商店。 ×）
  Wǒ yào xué tàijíquán, bù xiǎng qù shāngdiàn.

不要 혹은 别 bié는 명령형에 쓰여서 상대방이 무엇인가를 못 하게 막는 것을 의미한다.

- 请大家不要说话。（＝ 请大家别说话。）
  Qǐng dàjiā bú yào shuō huà.

❹ 能 / 可以
어떤 일을 하는 능력이 있거나 혹은 조건이 되는 것을 나타낸다. 부정형은 不能이다.

- 她能告诉你，你问她吧。[가능성]
  Tā néng gàosu nǐ, nǐ wèn tā ba.

- 小崔今年一定能考上大学。[가능성]
  Xiǎo Cuī jīnnián yídìng néng kǎoshàng dàxué.

- 这是她的秘密，她不能告诉你。[이치, 경우상]
  Zhè shì tā de mìmì, tā bù néng gàosu nǐ.

- 老师病了，我不能不去看看他。[도리상]
  Lǎoshī bìng le, wǒ bù néng bú qù kànkan tā.

- 你可以用英语说。[허락]
  Nǐ kěyǐ yòng Yīngyǔ shuō.

허가하거나 혹은 환경상 허락하는 것을 말한다. 허락하지 않을 때는 不能, 不可以를 다 쓸 수 있다.

- A：这儿可以抽烟吗？
  Zhèr kěyǐ chōu yān ma?

  B：对不起，这儿不能抽烟。（＝ 对不起，这儿不可以抽烟。）
  Duìbuqǐ, zhèr bù néng chōu yān.

- A：下午你能不能跟我一起去？
  Xiàwǔ nǐ néng bu néng gēn wǒ yìqǐ qù?

  B：对不起，我有事，不能跟你一起去。
  Duìbuqǐ, wǒ yǒu shì, bù néng gēn nǐ yìqǐ qù.

- 玛丽感冒了，不能来上课。
  Mǎlì gǎnmào le, bù néng lái shàng kè.

 会, 想, 要는 조동사와 동사로 모두 쓰인다.

❶ 会가 동사로 쓰이면 배움을 통해서 어떤 기능에 익숙하다는 것을 나타낸다.

- 她会英语，不会法语。
  Tā huì Yīngyǔ, bú huì Fǎyǔ.

- 她会电脑。
  Tā huì diànnǎo.

❷ 想이 동사로 쓰이면 '고려하다, 생각하다, 그리워하다'의 의미이다.

- 你们想想这个问题怎么回答。
  Nǐmen xiǎngxiang zhè ge wèntí zěnme huídá.

- 我有点儿想家。
  Wǒ yǒudiǎnr xiǎng jiā.

- 我很想妈妈。
  Wǒ hěn xiǎng māma.

❸ 要가 동사로 쓰이면 '필요하다, 달라고 하다, 얻다' 등의 뜻을 나타낸다.

- A : 你要什么?
  Nǐ yào shénme?

  B : 我要一斤苹果。
  Wǒ yào yì jīn píngguǒ.

- A : 你要点儿什么?
  Nǐ yào diǎnr shénme?

  B : 我要一杯咖啡。
  Wǒ yào yì bēi kāfēi.

원인을 묻는 방법

의문대사 怎么는 수단, 방법을 물을 때 강하게 읽는 것과 달리 화자가 이해할 수 없는 기분을 나타내는 동시에 怎么 뒤에 동사의 부정형식을 붙여 원인을 묻는다. '어째서 ~하지 않는가?'로 해석하면 된다. 이때 怎么를 약하게 읽어야 한다. 순수한 이유를 물을 때는 为什么 wèi shénme로 묻는다.

- A : 玛丽怎么没来?（= 玛丽为什么没来?）
  Mǎlì zěnme méi lái?

  B : 老师，她今天有点儿不舒服，要去医院，不能来上课。
  Lǎoshī, tā jīntian yǒu diǎnr bù shūfu, yào qù yīyuàn, bù néng lái shàng kè.

- A : 昨天你怎么没去学太极拳?（= 昨天你为什么没去学太极拳?）
  Zuótian nǐ zěnme méi qù xué tàijíquán?

  B : 昨天我有事。
  Zuótian wǒ yǒu shì.

- A : 你怎么不喝啤酒?（= 你为什么不喝啤酒?）
  Nǐ zěnme bù hē píjiǔ?

  B : 我不喜欢喝啤酒。
  Wǒ bù xǐhuan hē píjiǔ.

1

A：你会<u>打太极拳</u>吗？
B：不会。
A：你想不想学？
B：想学。

| 开车 | 滑冰 | 跳舞 | 画画儿 |
| 游泳 | 唱中文歌 | | |

2

A：这儿可以<u>抽烟</u>吗？
B：不能。

| 滑冰 | 打篮球 | 拍照 | 停车 |
| 游泳 | 钓鱼 | | |

3

A：今天他能不能来？
B：他要<u>上课</u>，不能来。

| 去医院 | 学太极拳 | 看朋友 | 去银行 |
| 看病 | 去老师那儿 | | |

4

A：你要不要<u>看DVD</u>？
B：我不想<u>看DVD</u>，
　　我想<u>看电影</u>。

| 喝咖啡 | 爬山 | 跳舞 | 学太极拳 |
| 喝茶 | 游泳 | 唱歌 | 学书法 |

보충단어

开车 kāi chē 동 운전하다　　　滑冰 huá bīng 동 스케이트를 타다
游泳 yóu yǒng 동 수영하다　　　打篮球 dǎ lánqiú 동 농구를 하다
拍照 pāi zhào 동 사진을 찍다　　钓鱼 diào yú 동 낚시하다

1 녹음을 듣고 발음연습을 해 보세요. 

① shūfu　　shūshu　　kěyǐ　　kěyí

kāishǐ　　háishi　　yìsi　　yìshí

xiǎoshí　　xiāoshī　　fā shāo　　huāzhāo

② yǔmáoqiú　　bǎolíngqiú　　pīngpāngqiú

yùndòngyuán　　cáipànyuán　　jiàoliànyuán

③ 想不想学　　会不会说　　要不要买　　能不能来

会说汉语　　会说英语　　不会打太极拳　　不会开汽车

要去医院　　要回国　　要看电视　　要复习语法

怎么没去　　怎么没来　　怎么不看　　怎么不说

2 대화를 듣고, 마이크가 태극권을 배우러 가는 날이 언제인지 고르세요. (　　　　) 

① 星期一，星期五　　　　② 星期三，星期五

③ 星期二，星期三　　　　④ 星期二，星期四

3 다음 보기에서 알맞은 단어를 선택하여 빈칸을 채우세요.

보기　　能　　会　　想　　要　　可以　　能　　会

① 我不＿＿＿＿＿说法语，只＿＿＿＿＿说一点儿英语。

② 他感冒了，今天下午不＿＿＿＿＿来。

③ 我很＿＿＿＿＿学唱京剧。

④ 我现在还不＿＿＿＿＿看中文报。

⑤ 老师，我妈妈今天来中国，我＿＿＿＿＿请假去接她。

⑥ 我＿＿＿＿＿用用你的车吗?

4　다음 문장을 올바르게 고쳐 보세요.

① 你想买不买词典？

　　→ ________________________________ ?

② 我去图书馆要看书。

　　→ ________________________________ 。

③ 晚上她能去跟我一起。

　　→ ________________________________ 。

④ 这件大衣太贵了，我不可以买。

　　→ ________________________________ 。

⑤ 她头疼，发烧，不会来上课。

　　→ ________________________________ 。

5　그림을 보고, 대화를 완성한 후 옆 사람과 대화해 보세요.

① A: ________________________________ ?

　 B: 不能。

　 A: ________________________________ ?

　 B: 前边儿有停车场，那儿可以停车。

② A: 你会打太极拳吗？

　 B: ________________。你呢？

　 A: ________________。你想不想学？

　 B: ________________________。

　 A: 我们一起学，好吗？

　 B: ________________。

❶ 我不会打太极拳，很想学，玛丽也不会，她也想学。听说体育老师下星期教太极拳，我们就去报名。

老师说从下星期一开始上课。我问老师是不是每天下午都上课。他说不是每天下午，只一三五下午。我不懂"一三五"是什么意思。老师说，一三五就是星期一、星期三、星期五。

今天下午我们有太极拳课，玛丽有点儿不舒服，发烧，头疼，可能感冒了，她要去医院看病，让我给她请假。上课的时候，老师问玛丽怎么没来，我告诉老师，她病了，今天不能来上课。

❷ 一天，我问麦克会不会开车，他说当然会。我说："我朋友有一辆车，我可以借来，星期天我们开他的车去玩儿怎么样？"麦克说："不行，我在中国不能开车。"我问他："为什么？"他说，没有开车的护照。我说，那不叫护照，叫驾照。他说："对，是驾照！我常常错了。"我说："要说'常常错'；不能说'常常错了'，'常常'后边不能用'了'。"他说："是吗？我还没学这个语法呢。"

写汉字
간체자 쓰기

太极拳	太极拳	太极拳			

太极拳 tàijíquán [명] 태극권

听说	听说	听说			

听说 tīngshuō [동] 듣건대 ~라고 한다

报名	报名	报名			

报名 bào míng [동] 신청하다, 등록하다

开始	开始	开始			

开始 kāishǐ [동] 시작하다

懂	懂	懂			

懂 dǒng [동] 알다, 이해하다

舒服	舒服	舒服			

舒服 shūfu [형] 편안하다

请假	请假	请假			

请假 qǐng jià [동] 휴가를 신청하다, 결석계를 내다

发烧	发烧	发烧			

发烧 fā shāo [동] 열이 나다

중국의 단오절(端午节)

단오절의 유래

중국 전국시대 초(楚)나라에 정치가이자 시인인 굴원(屈原)이 있었다. 전국시대에는 제, 초, 연, 한, 조, 위, 진의 일곱 나라가 있었는데, 그 중 가장 강해진 진(秦) 나라가 다른 여섯 나라를 정복하고자 했다. 그때 굴원은 초 나라가 정치를 개혁하고 다른 나라들과 연합하여 진 나라에 대항해야 한다고 주장했다. 그러나 간신들의 반대로 초 나라 왕은 이를 받아들이지 않았다. 그 뿐만 아니라 굴원을 초 나라의 수도에서 쫓아 유배를 보냈다. 유배 생활을 하던 중 자신의 결백을 주장하며 멱라수에 몸을 던져 목숨을 끊었는데, 이 날이 바로 음력 5월 5일이다. 굴원이 강에 뛰어들었다는 소식을 듣고 그를 존경하던 마을 사람들은 그의 시신을 건지기 위해 배를 저어 강가로 몰려왔고, 이것이 후세에 전해지면서 용선(龙船)경주로 발전했다. 또

한, 그가 죽은 날인 음력 5월 5일이 되면 해마다 강가에 '쫑즈(粽子)'를 만들어서 물고기들이 굴원의 시신을 뜯어먹지 못하도록 강에 던져주었고, 해마다 이렇게 굴원을 위하여 제사를 지내게 된 것이 단오절(端午节)이다.

단오절에는 쑥이나 창포를 문에 걸어놓고, 몸에는 향주머니(香包)를 지니며, 용선경주(龙舟竞渡)가 열린다. 음식은 '쫑즈(粽子)'를 먹고, 웅황주(雄黄酒)를 마신다.

단오절에 먹는 음식 '쫑즈(粽子 zòngzi)'란?

찹쌀에 각종 채소나 고기를 넣고 갈대잎이나 연잎에 싸서 진 음식으로, 우리 나라의 약식과 비슷하지만 넣은 재료에 따라 종류가 셀 수 없이 많다.

第十二课

她学得很好

Tā xué de hěn hǎo

그녀는 잘 배웁니다

발음(发音) 문장의 중음(句重音) ⑥

회화(会话) 학습에 대해 이야기하기

문법(语法) 정태보어 ①

발음

❶ 문장의 중음(句重音) ⑥

정태(情态)보어가 있는 문장에서는 정태보어를 강하게 읽는다.

> 老师说得很清楚。
> Lǎoshī shuō de hěn qīngchu.
>
> 她教得很好。
> Tā jiāo de hěn hǎo.
>
> 麦克跑步跑得很快。
> Màikè pǎo bù pǎo de hěn kuài.

□01	电视台	diànshìtái	명	텔레비전 방송국
	＊台 tái 명 방송국			
□02	表演	biǎoyǎn	동	상연하다, 연출하다
□03	节目	jiémù	명	프로그램, 항목
□04	愿意	yuànyì	조동	~하기를 원하다
□05	为什么	wèi shénme		왜, 어째서
□06	得	de	조	동사나 형용사의 뒤에 쓰여, 정도나 상황, 상태를 표시하는 보어를 연결시키는 역할을 하는 결구(结构)조사
□07	不错	búcuò	형	좋다, 괜찮다, 잘하다
	＊错 cuò 형 틀리다			
□08	进步	jìnbù	동	진보하다
□09	水平	shuǐpíng	명	수준, 실력
□10	提高	tígāo	동	향상하다, 제고하다
□11	快	kuài	형	빠르다
□12	哪里	nǎli	대	천만에, 별말씀을요, 뭘요(자신에 대한 칭찬에 겸양의 뜻을 나타낼 때 쓰는 표현)
□13	准	zhǔn	형	정확하다
□14	流利	liúlì	형	유창하다
□15	努力	nǔlì	형	노력하다
□16	认真	rènzhēn	형	진지하다, 착실하다, 성실하다
□17	看	kàn	동	~라고 보다(판단하다)
□18	为	wèi	개	~을 (하기) 위하여
□19	这么	zhème	대	이렇게
	＊那么 nàme 대 그렇게, 저렇게			
□20	早	zǎo	형	(때가) 이르다, 빠르다
□21	运动	yùndòng	동	운동하다
□22	跑步	pǎo bù	동	구보(하다), 조깅(하다)
	＊跑 pǎo 동 달리다			
□23	篮球	lánqiú	명	농구
	＊球 qiú 명 공			
□24	刚才	gāngcái	명	방금
□25	可以	kěyǐ	형	좋다, 괜찮다, 나쁘지 않다
□26	坚持	jiānchí	동	견지하다, 지속하다
□27	因为	yīnwèi	연	왜냐하면, ~때문에
□28	晚	wǎn	형	늦다

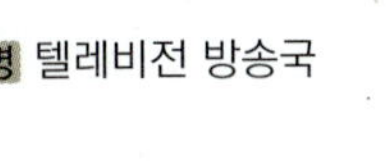

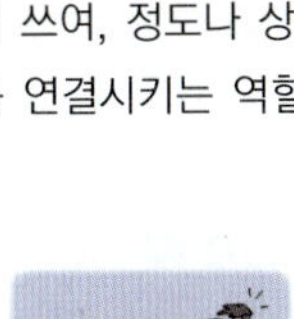

상황 1 연구실에서　이 선생님과 롤랜드가 이야기를 나누고 있다.

她学得很好

Tā xué de hěn hǎo

老师： 罗兰，电视台想请留学生表演一个汉语节目，
Luólán, diànshìtái xiǎng qǐng liúxuéshēng biǎoyǎn yí ge Hànyǔ jiémù,

你愿意去吗？
nǐ yuànyì qù ma?

罗兰： 老师，我不想去。
Lǎoshī, wǒ bù xiǎng qù.

老师： 为什么？
Wèi shénme?

罗兰： 我汉语说得不好[1]，也不会表演。
Wǒ Hànyǔ shuō de bù hǎo, yě bú huì biǎoyǎn.

老师： 你学得不错，有很大进步，汉语水平提高得很快。
Nǐ xué de búcuò, yǒu hěn dà jìnbù, Hànyǔ shuǐpíng tígāo de hěn kuài.

罗兰： 哪里[1]，我发音发得不准，说得也不流利。
Nǎli, wǒ fā yīn fā de bù zhǔn, shuō de yě bù liúlì.

让玛丽去吧。 她汉语学得很好，说得很流利。
Ràng Mǎlì qù ba.　Tā Hànyǔ xué de hěn hǎo, shuō de hěn liúlì.

玛丽还会唱京剧。
Mǎlì hái huì chàng jīngjù.

老师：　是吗？　她京剧唱得怎么样？
Shì ma?　　Tā jīngjù chàng de zěnmeyàng?

罗兰：　王老师说她唱得不错。
Wáng lǎoshī shuō tā chàng de búcuò.

老师：　她怎么学得这么好？
Tā zěnme xué de zhème hǎo?

罗兰：　她非常努力，也很认真。
Tā fēicháng nǔlì, yě hěn rènzhēn.

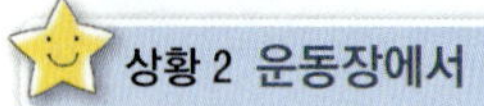

상황 2 운동장에서　　마리는 태극권을 하고 있고, 마이크는 체육학과 선생님과 이야기를 하고 있다.

她每天都起得很早

Tā měi tiān dōu qǐ de hěn zǎo

麦克：老师，您看她太极拳打得怎么样？
Lǎoshī, nín kàn tā tàijíquán dǎ de zěnmeyàng?

老师：打得不错。
Dǎ de búcuò.

麦克：为学太极拳，她每天都起得很早。
Wèi xué tàijíquán, tā měi tiān dōu qǐ de hěn zǎo.

老师：麦克，你喜欢什么运动？
Màikè, nǐ xǐhuan shénme yùndòng?

麦克：我喜欢跑步、打篮球。
Wǒ xǐhuan pǎo bù、dǎ lánqiú.

老师：刚才我看你跑得很快。你篮球打得怎么样？
Gāngcái wǒ kàn nǐ pǎo de hěn kuài.　Nǐ lánqiú dǎ de zěnmeyàng?

麦克：打得还[2]可以。老师，您每天都来锻炼吗？
Dǎ de hái kěyǐ.　Lǎoshī, nín měi tiān dōu lái duànliàn ma?

老师：对，我每天都坚持锻炼。你呢？
Duì, wǒ měi tiān dōu jiānchí duànliàn.　Nǐ ne?

麦克：我不常锻炼，因为我晚上常常睡得很晚，
Wǒ bù cháng duànliàn, yīnwèi wǒ wǎnshang chángcháng shuì de hěn wǎn,

早上起得也很晚。
zǎoshang qǐ de yě hěn wǎn.

표 현 ❶

哪里(nǎli)

다른 사람의 칭찬에 겸손하게 대답하는 표현이다. '哪里，哪里！'라고도 한다.

- A : 你汉语说得非常流利！
  Nǐ Hànyǔ shuō de fēicháng liúlì!
- B : 哪里，哪里！
  Nǎli, nǎli!

표 현 ❷

打得还可以

이 문장에서 부사 还는 '그럭저럭 괜찮다'는 표현으로 쓰이는데, 일반적으로 형용사 앞에 쓰여 좋은 쪽으로 이야기하려는 의미를 가진다.

- 他汉语说得还可以。
  Tā Hànyǔ shuō de hái kěyǐ.

- 这个房子还不错。
  Zhè ge fángzi hái búcuò.

- 爸爸妈妈身体还好。
  Bàba māma shēntǐ hái hǎo.

문 법 ❶　정태보어(情态补语) ①

정태보어는 동사나 형용사 뒤에 得를 붙인 보어를 가리키는데 결과·정도·상태 등을 묘사·판단·평가하는 역할을 한다. 정태보어는 일상적으로 일어나거나 또는 이미 발생했거나, 현재 진행중인 동작이나 상태를 묘사·평가한다.

긍정문: 동사 + 得 + (很) + 형용사

- A : 你每天起得早吗?
  Nǐ měi tiān qǐ de zǎo ma?

  B : 我每天起得很早。
  Wǒ měi tiān qǐ de hěn zǎo.

- A : 她太极拳打得怎么样?
  Tā tàijíquán dǎ de zěnmeyàng?

  B : 打得很不错。（= 她太极拳打得很不错。）
  Dǎ de hěn búcuò.

- A : 她说汉语说得好吗?
  Tā shuō Hànyǔ shuō de hǎo ma?

  B : 说得很好。（= 她说汉语说得很好。）
  Shuō de hěn hǎo.

- 他喝啤酒喝得很多。
  Tā hē píjiǔ hē de hěn duō.

부정문: 동사 + 得 + 不 + 형용사

- A : 你星期天起得早吗?
  Nǐ xīngqītiān qǐ de zǎo ma?

  B : 不早。（= 我星期天起得不早。）
  Bù zǎo.

- A : 你汉语说得怎么样?

  Nǐ Hànyǔ shuō de zěnmeyàng?

  B : 我汉语说得不好。

  Wǒ Hànyǔ shuō de bù hǎo.

- A : 他汉字写得好不好?

  Tā Hànzì xiě de hǎo bu hǎo?

  B : 不好。(= 他汉字写得不好。)

  Bù hǎo.

> 정반 의문문: 동사 + 得 + 형용사 + 不 + 형용사

- 你今天起得早不早?
  Nǐ jīntian qǐ de zǎo bu zǎo?

- 她汉语说得好不好?
  Tā Hànyǔ shuō de hǎo bu hǎo?

동사가 빈어를 가지는 경우 정태보어의 형식은 다음과 같다.

> 동사 + 빈어 + 동사 + 得 + (很) + 형용사

- 他打太极拳打得很好。
  Tā dǎ tàijíquán dǎ de hěn hǎo.

- 她说汉语说得很好。
  Tā shuō Hànyǔ shuō de hěn hǎo.

주의! 실제 회화에서는 첫 번째 동사를 생략하여 주위 위어문의 형식을 많이 쓴다.

- 他(打)太极拳打得很好。
  Tā (dǎ) tàijíquán dǎ de hěn hǎo.

- 她(说)汉语说得很好。
  Tā (shuō) Hànyǔ shuō de hěn hǎo.

1

A：她学得怎么样？
B：她学 得很好。

唱	跑	说

得很好	得很快	得很流利

3

A：他说 汉语 说得好不好？
B：说得很好。

打	做	说	写	唱
篮球	练习	汉语	汉字	歌
好	认真	流利	快	好

3

A：你汉字 写得怎么样？
B：写得不太好。

歌	汉语	音	声调	太极拳
唱	说	发	说	打
好	流利	准	对	好

4

A：她怎么学得这么好？

说得这么流利	来得这么早	打得这么好
跑得这么快	写得这么好	到得这么晚

1 녹음을 듣고 발음연습을 해 보세요. 〔12-4〕

① liúlì　　　nǔlì　　　biǎoyǎn　　　biǎoyáng

　jiémù　　　juéwù　　　jìnbù　　　　xìngfú

　nǎli　　　　nàli　　　　pǎo bù　　　bàofù

② shì shàng wú nán shì（世上无难事）　　zhǐ pà yǒu xīn rén（只怕有心人）

　yù qióng qiān lǐ mù（欲穷千里目）　　gèng shàng yì céng lóu（更上一层楼）

③ 怎么这么便宜　　怎么这么难　　怎么这么容易　　怎么这么努力

　读得很快　　　　打得很好　　　做得很对　　　　表演得很好

　说得对不对　　　唱得好不好　　起得早不早　　　睡得晚不晚

2 녹음을 듣고, 아래의 문장이 녹음 내용과 일치하는지 ○/ × 로 판단하세요. 〔12-5〕

① 爱德华太极拳打得不太好。　　　　（　　　　）

② 爱德华和玛丽是同学。　　　　　　（　　　　）

③ 他们都学打太极拳。　　　　　　　（　　　　）

④ 听李老师说玛丽京剧唱得非常好。　（　　　　）

3 다음 보기에서 알맞은 단어를 선택하여 빈칸을 채우세요.

> 보기　　怎么　　说　　快　　打　　为　　都

① 她汉语＿＿＿＿＿＿得很流利。

② 她＿＿＿＿＿＿学得这么好？

③ 你最近进步很＿＿＿＿＿＿。

④ 她太极拳＿＿＿＿＿＿得怎么样？

⑤ 我每天＿＿＿＿＿＿坚持锻炼。

⑥ ＿＿＿＿＿＿学习汉语，她要去中国。

4 다음 단어를 조합하여 올바른 문장을 만들어 보세요.

① 他　都　早上　得　起　很　每天　早

→ ＿＿＿＿＿＿＿＿＿＿＿＿＿＿＿＿＿＿＿ 。

② 他　跑步　非常　跑　快　得

→ ＿＿＿＿＿＿＿＿＿＿＿＿＿＿＿＿＿＿＿ 。

③ 中文　玛丽　歌　不错　得　唱　很

→ ＿＿＿＿＿＿＿＿＿＿＿＿＿＿＿＿＿＿＿ 。

④ 得　汉字　写　她　很　好

→ ＿＿＿＿＿＿＿＿＿＿＿＿＿＿＿＿＿＿＿ 。

⑤ 我　不太　太极拳　好　得　打

→ ＿＿＿＿＿＿＿＿＿＿＿＿＿＿＿＿＿＿＿ 。

5 그림을 보고, 정태보어를 활용하여 문장을 완성해 보세요.

① ＿＿＿＿＿＿＿＿＿＿＿＿＿＿＿＿＿＿＿

② ＿＿＿＿＿＿＿＿＿＿＿＿＿＿＿＿＿＿＿

③ ＿＿＿＿＿＿＿＿＿＿＿＿＿＿＿＿＿＿＿

④ ＿＿＿＿＿＿＿＿＿＿＿＿＿＿＿＿＿＿＿

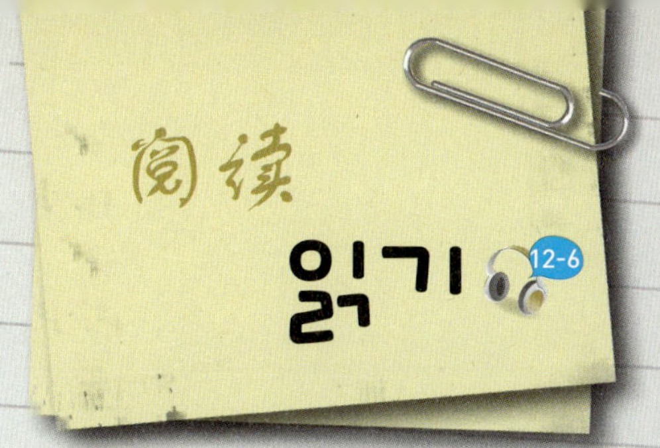

❶ 今天办公室的李老师来找我，他说，电视台想请留学生去表演汉语节目，问我愿意不愿意去。我说："我不行。我汉语说得不太好，很多音发得不准，也不会表演节目。"我对老师说："玛丽行，玛丽学得很好，她汉语说得很流利，还会唱京剧。听王老师说，她京剧唱得很不错。还是让玛丽去吧。"老师问我玛丽愿意不愿意去。我说："我跟她谈谈，我想她可能愿意。"

❷ 今天上课的时候，老师问大家，毕业后打算做什么工作。同学们都说了自己的打算。爱德华文章写得不错，还喜欢摄影，照相照得很好，他想当一个记者。李美淑(Lǐ Měishū) 觉得在学校工作很有意思，想当老师。玛丽想当律师。麦克汉语学得很好，他打算当翻译。山本想到父亲的公司工作。罗兰对秘书工作很感兴趣，她希望能去大使馆当秘书。

打算 dǎsuan 명 동 생각, 계획 / 계획하다, 고려하다

文章 wénzhāng 명 문장

摄影 shèyǐng 동 사진을 찍다, 영화를 촬영하다

照相 zhào xiàng 동 사진을 찍다

记者 jìzhě 명 기자

秘书 mìshu 명 비서

大使馆 dàshǐguǎn 명 대사관

电视台	电视台	电视台			

电视台 diànshìtái 명 텔레비전 방송국

表演	表演	表演			

表演 biǎoyǎn 동 상연하다, 연출하다

节目	节目	节目			

节目 jiémù 명 프로그램, 항목

愿意	愿意	愿意			

愿意 yuànyì 조동 ~하기를 원하다

不错	不错	不错			

不错 búcuò 형 좋다, 괜찮다, 잘하다

进步	进步	进步			

进步 jìnbù 동 진보하다

提高	提高	提高			

提高 tígāo 동 향상하다, 제고하다

流利	流利	流利			

流利 liúlì 형 유창하다

경극의 특징

경극 京剧의 역사는 200여 년이 되었는데, 여러 가지 지방극이 통합되어 청나라의 건륭제 때 지금과 같은 형태가 되었다고 한다. 특히 중국인에게는 교화의 도구, 즉 윤리나 도덕, 역사를 가르치는 방법이었다.

'선악을 확실하게 한다'는 중국인의 국민성에 부합한다

경극에서 배우의 역할이 '生 shēng(남자역)', '旦 dàn(여자역)', '净 jìng(강직하거나 거칠고 난폭한 역할로 청색과 홍색으로 분장함)', '丑 chǒu(광대역)' 등으로 분명하게 나뉘어져 있는데, 얼굴 분장만으로도 그 등장인물의 성격을 알 수 있다.

무대가 간단하다

기본적으로 책상 하나와 의자 두 개가 놓여져 있을 뿐이다. 채찍을 가지고 있으면 말에 타고 있다는 것을 의미하며, 또 집에 들어가 계단을 오르고, 배를 타는 등 모든 움직임마다 연기자와 관객 사이에 이미 정해진 의미의 약속이 있다.

배우 스스로가 노래를 부른다

경극에서는 '唱 chàng(노래)', '念 niàn(대사)', '做 zuò(동작)', '打 dǎ(격투연기)'의 네 가지 요소가 중요시된다. 그런데 경극에서 불려지는 곡조는 십수 개밖에 되지 않고, 공연 레파토리에 의해 곡의 조합이 결정된다.

의상이나 분장, 도구가 화려하고, 소리가 크다

옛날 경극은 야외에서 공연되었고, 전기가 없던 시대에 무대에서 공연하였기 때문에 의상과 분장의 화려함이 필요하였다. 또 어느 시대의 배경이든 명나라 궁정의상을 기본으로 한다.

第十三课

田芳去哪儿了

Tián Fāng qù nǎr le

전방은 어디에 갔습니까

회화(会话) 전화하기

문법(语法) 어기조사 了 ①, 再와 又, 什么의 허지적 용법

□01	喂	wèi	감 여보세요
□02	阿姨	āyí	명 아주머니, 이모
□03	中学	zhōngxué	명 중고등학교
□04	出国	chū guó	동 외국에 가다, 출국하다
	* 出 chū 동 나가다, 나오다		
□05	打(电话)	dǎ (diànhuà)	동 (전화를) 걸다
□06	关机	guān jī	동 (기계, 컴퓨터 등을) 끄다
	* 关 guān 동 끄다, 닫다		
□07	对了	duì le	맞다!, 아참!
□08	忘	wàng	동 잊다, 잊어버리다
□09	开机	kāi jī	동 (기계, 컴퓨터 등을) 켜다
	* 开 kāi 동 켜다, 열다		
□10	又	yòu	부 또, 다시, 거듭
□11	响	xiǎng	동 울리다
□12	接	jiē	동 (전화를) 받다
□13	踢	tī	동 (축구를) 하다, 차다
□14	比赛	bǐsài	명 동 시합, 경기 / 경기를 하다
□15	队	duì	명 팀
□16	输	shū	동 (게임에서) 지다
□17	赢	yíng	동 이기다
□18	比	bǐ	동 명 비하다, 견주다 / 대(경기에서 점수를 가리킬 때 씀)
□19	祝贺	zhùhè	동 축하하다
□20	哎	āi	감 아, 아이고, 에이, 이보게!
□21	上	shàng	동 (정한 시간이 되어) 어떤 일을 하다
□22	托福	Tuōfú	명 TOEFL, 토플
□23	已经	yǐjing	부 이미
□24	考	kǎo	동 시험을 보다
□25	陪	péi	동 동반하다, 모시다

상황 1 기숙사에서　장동이 전방의 집에 전화를 걸어 전방을 찾는다.

田芳去哪儿了
Tián Fāng qù nǎr le

张东：　喂！ 是田芳吗？
　　　　Wèi!　Shì Tián Fāng ma?

田芳妈：田芳不在。 是张东吧[1]。
　　　　Tián Fāng bú zài.　Shì Zhāng Dōng ba.

张东：　阿姨，您好！ 田芳去哪儿了[1]？
　　　　Āyí, nín hǎo!　Tián Fāng qù nǎr le?

田芳妈：她四点多就去同学家了。
　　　　Tā sì diǎn duō jiù qù tóngxué jiā le.

　　　　她的一个中学同学要出国，
　　　　Tā de yí ge zhōngxué tóngxué yào chū guó,

　　　　她去看看她。
　　　　tā qù kànkan tā.

张东：　她什么时候能回来？
　　　　Tā shénme shíhou néng huílai?

田芳妈：她没说，你打她的手机吧。
　　　　Tā méi shuō, nǐ dǎ tā de shǒujī ba.

张东：　我打了。 可是她关机了。
　　　　Wǒ dǎ le.　Kěshì tā guān jī le.

田芳妈：是吗，你过一会儿再[2]打吧。
　　　　Shì ma, nǐ guò yíhuìr zài dǎ ba.

张东又来电话了

张东： 阿姨，田芳回来了没有？
Āyí, Tián Fāng huílai le méiyǒu?

田芳妈： 还没有呢。
Hái méiyǒu ne.

상황 2 집에서　　전방이 외출 후 집에 돌아와 엄마와 이야기한다.

他又来电话了

Tā yòu lái diànhuà le

田芳：　妈，我回来了。
Mā, wǒ huílai le.

田芳妈：张东给你打电话了没有？
Zhāng Dōng gěi nǐ dǎ diànhuà le méiyǒu?

田芳：　没有啊。
Méiyǒu ā.

田芳妈：他来电话找你，说打你的手机，你关机了。
Tā lái diànhuà zhǎo nǐ, shuō dǎ nǐ de shǒujī, nǐ guān jī le.

田芳：　啊！ 对了，我忘开机了。
Ā!　　Duì le, wǒ wàng kāi jī le.

田芳妈：快！ 电话又² 响了，你去接吧。
Kuài!　Diànhuà yòu xiǎng le, nǐ qù jiē ba.

田芳接电话

田芳：　下午你给我打电话了吧？
Xiàwǔ nǐ gěi wǒ dǎ diànhuà le ba?

张东：　打了，你怎么关机了？
Dǎ le, nǐ zěnme guān jī le?

田芳：　对不起。 我忘开机了。 下午你做什么了？
Duìbuqǐ.　　Wǒ wàng kāi jī le.　　Xiàwǔ nǐ zuò shénme le?

张东： 我去踢足球了。今天我们跟留学生代表队比赛了。
Wǒ qù tī zúqiú le. Jīntian wǒmen gēn liúxuéshēng dàibiǎoduì bǐsài le.

田芳： 你们队又输了吧？
Nǐmen duì yòu shū le ba?

张东： 没有。这次我们赢了。
Méiyǒu. Zhè cì wǒmen yíng le.

田芳： 几比几？
Jǐ bǐ jǐ?

张东： 二比一。
Èr bǐ yī.

田芳： 祝贺你们！ 哎，你有什么[3]事吗？
Zhùhè nǐmen! Āi, nǐ yǒu shénme shì ma?

张东： 我想问问你，
Wǒ xiǎng wènwen nǐ,
你不是要上托福班吗[2]？ 报名了没有？
nǐ bú shì yào shàng Tuōfú bān ma? Bào míng le méiyǒu?

田芳： 已经报了。你是不是[3]也想考托福？
Yǐjing bào le. Nǐ shì bu shì yě xiǎng kǎo Tuōfú?

张东： 是。我想明天去报名，你陪我一起去，好吗？
Shì. Wǒ xiǎng míngtian qù bào míng, nǐ péi wǒ yìqǐ qù, hǎo ma?

田芳： 好的。
Hǎo de.

표 현 ❶

어기조사 吧 ③

어기조사 吧는 문장 맨 끝에서 추측의 의미를 담은 의문 어기조사로 쓰인다.

- 她是中国人吧?
  Tā shì Zhōngguórén ba?

- 他已经出国了吧?
  Tā yǐjing chū guó le ba?

표 현 ❷

你不是要上托福班吗?

'不是……吗？'는 반어문으로 긍정을 강조한다. 이러한 질문에 상대방은 반드시 대답할 필요가 없다.

- 刚才你不是吃饭了吗?
  Gāngcái nǐ bú shì chī fàn le ma?

- 他今天不是来了吗?
  Tā jīntian bú shì lái le ma?

是不是

是不是를 사용한 정반 의문문에서 是不是는 위어 앞에 사용할 수 있을 뿐 아니라
또한 문장의 첫 머리와 맨 뒤에 사용할 수 있으며, '그렇지 않으냐?', '그러하냐?'의
의미로 해석할 수 있다.

- A : 你是不是想家了?
  Nǐ shì bu shì xiǎng jiā le?

  B : 是。我常常想家。
  Shì.　Wǒ chángcháng xiǎng jiā.

- A : 你们输了，是不是?
  Nǐmen shū le, shì bu shì?

  B : 是。
  Shì.

문 법❶　　어기조사 了 ①

어기조사 了는 문장의 맨 마지막에 쓰이면서 일정한 시간 내에 어떠한 동작이 이미 발생하였거나, 동작이 완성되었을 때 또는 상황의 출현과 상태의 변화 등을 나타낸다.

사건 발생 전		사건 발생 후
A : 你去哪儿? B : 我去商店。	→	A : 你去哪儿了? B : 我去商店了。
A : 你买什么? B : 我买衣服。	→	A : 你买什么了? B : 我买衣服了。

- 安娜跟外贸代表团去上海了。
  Ānnà gēn wàimào dàibiǎotuán qù Shànghǎi le.

- 田芳的手机关了。
  Tián Fāng de shǒujī guān le.

- 她今年20岁了。
  Tā jīnnián èrshi suì le.

- 饭好了。我们吃饭吧。
  Fàn hǎo le. Wǒmen chī fàn ba.

- 他已经睡了。别叫他了。
  Tā yǐjing shuì le. Bié jiào tā le.

주의!　부정부사 别의 뒤에 어기조사 了가 따르면 하고 있는 동작을 중지하라는 의미로 '이제 ~을 그만하라'는 뜻이다. 중음을 别에 둔다.

- 别去了。/ 别学了。/ 别看了。/ 别吵了。
  Bié qù le.　/ Bié xué le. / Bié kàn le. / Bié chǎo le

보충단어

吵 chǎo 동 떠들다, 말다툼하다

❶ 정반 의문문은 [……了 + 没有？]의 형식으로 표현한다.

- A : 你去医院了没有？
  Nǐ qù yīyuàn le méiyǒu?

  B : 去了。(= 我去医院了。)
  Qù le.

- A : 你买今天的晚报了没有？
  Nǐ mǎi jīntian de wǎnbào le méiyǒu?

  B : 没买。(= 我没买今天的晚报。)
  Méi mǎi.

❷ '还没(有)……呢'는 사건이 아직 시작되거나 완성되지 않았으며, 곧 시작되거나 완성될 것을 나타낸다.

- A : 她回家了吗？
  Tā huí jiā le ma?

  B : 她还没有回家呢。
  Tā hái méiyǒu huí jiā ne.

- A : 他走了没有？
  Tā zǒu le méiyǒu?

  B : 他还没走呢。
  Tā hái méi zǒu ne.

❸ 동사 앞에 '没(有)'를 사용하여 부정의 뜻을 나타낼 때에는 문장의 맨 뒤에 了를 쓰지 않는다.

- 我昨天没去商店。(→ 我昨天没去商店了。 ×)
  Wǒ zuótian méi qù shāngdiàn.

- 她觉得不舒服，今天没有上课。(→ 她觉得不舒服，今天没有上课了。 ×)
  Tā juéde bù shūfu, jīntian méiyǒu shàng kè.

❹ 자주 발생하는 일상적인 동작을 나타낼 때는 문장 맨 뒤에 了를 쓰지 않는다.

- 每天早上她都去打太极拳。(→ 每天早上她都去打太极拳了。 ×)
  Měi tiān zǎoshang tā dōu qù dǎ tàijíquán.

- 她常来我家玩儿。(→ 她常来我家玩儿了。 ×)
  Tā cháng lái wǒ jiā wánr.

再와 又

부사 再와 又는 모두 동사의 앞에 놓여 상어로 쓰이며 동작이나 상황이 중복되는 것을 나타낸다. 차이점은 再는 아직 중복되지 않은 동작이나 상황이 새로 나타나는 것, 又는 일반적으로 이미 중복된 동작이나 상황이 다시 나타나는 것을 가리킨다.

再 : 아직 중복되지 않은 동작이나 상황이 새로 나타날 때

- 今天我去看她了，我想明天再去。
  Jīntian wǒ qù kàn tā le, wǒ xiǎng míngtian zài qù.

- 他上午来了，下午没有再来。
  Tā shàngwǔ lái le, xiàwǔ méiyǒu zài lái.

又 : 이미 중복된 동작이나 상황이 나타날 때

- 他昨天来看我了，今天又来了。
  Tā zuótian lái kàn wǒ le, jīntian yòu lái le.

- 他昨天没来上课，今天又没来。
  Tā zuótian méi lái shàng kè, jīntian yòu méi lái.

什么의 허지적 용법(虚指用法)

의문대사들은 특지(特指)적 용법 외에도 허지적인 용법이 있는데 '무엇'의 뜻이 아니고 '뭔가'의 뜻으로 쓰인다.

- 你有什么事? [什么는 특지적인 용법으로, '무슨' 일이 있느냐?]
  Nǐ yǒu shénme shì?

- 你有什么事吗? [什么는 허지적인 용법으로, '뭔가' 일이라도 있느냐?]
  Nǐ yǒu shénme shì ma?

1

A：昨天你看球赛了吗?
B：没有。
A：你去哪儿了?
B：我去<u>同学家</u>了。

| 图书馆 | 买毛衣 | 看朋友 | 书店 |
| 商店 | 老师那儿 | | |

2

A：你<u>预习课文</u>了没有?
B：还没有呢。

| 复习生词 | 看电视 | 上网 | 看青年报 |
| 吃晚饭 | 做练习 | | |

3

A：你<u>报</u> <u>名</u>了没有?
B：已经<u>报</u>了。

| 买 | 买 | 看 | 听 |
| 预习 | 复习 | | |

| 青年报 | 光盘 | 电影 | 课文录音 |
| 生词 | 语法 | | |

4

A：下午你做什么了?
B：我<u>去踢足球</u>了。

| 去超市 | 网 | 学太极拳 |
| 看足球比赛 | 去买羽绒服 | 听课文录音 |

1 녹음을 듣고 발음연습을 해 보세요.  13-4

① cāochǎng　cǎochǎng　bǐsài　bìsè
zhùhè　chùsuǒ　yǐjīng　yǔjìng
tuōfú　tuōfù　zúqiú　chūqiū

② dǎ lánqiú　dǎ páiqiú　dǎ wǎngqiú
dǎ yǔmáoqiú　dǎ diànhuà　dǎ zhāohu

③ 又来了　又买了　又看了　又练了
打电话了　接电话了　去同学家了　踢足球了
回家了没有　去商店了没有　看比赛了没有　买光盘了没有

2 대화를 듣고, 마리가 어제 가지 않았던 장소를 고르세요. (　　　)  13-5

① 　② 　③ 

④ 

3 다음 보기에서 알맞은 단어를 선택하여 빈칸을 채우세요.

보기	接　踢　操场　又　出国

① 我下午去操场＿＿＿＿＿足球了。
② 妈妈不想让我＿＿＿＿＿留学。
③ 你昨天是不是＿＿＿＿＿去他家了?
④ 他正在＿＿＿＿＿电话呢。
⑤ 玛丽在＿＿＿＿＿打太极拳呢。

4 不와 没(有) 중 알맞은 단어를 골라 빈칸을 채우세요.

① 我明天＿＿＿＿＿＿＿ 去超市，我要去书店。

② 昨天我＿＿＿＿＿＿＿ 去商店，我去书店了。

③ A: 你觉得昨天晚上的电影怎么样？

   B: 我＿＿＿＿＿＿＿ 看，＿＿＿＿＿＿＿ 知道。

④ 我＿＿＿＿＿＿＿ 学太极拳，＿＿＿＿＿＿＿ 会打。

⑤ 昨天你去＿＿＿＿＿＿＿ 去大使馆？

⑥ 明天你去＿＿＿＿＿＿＿ 去看她？

⑦ 玛丽，你想＿＿＿＿＿＿＿ 想家？

5 又와 再 중 알맞은 단어를 골라 빈칸을 채우세요.

① 她昨天没有上课，今天＿＿＿＿＿＿＿ 没有上课。

② 这本词典很好，我已经买了一本，想＿＿＿＿＿＿＿ 给我弟弟买一本。

③ 我昨天已经去了，今天不想＿＿＿＿＿＿＿ 去了。

④ 张东刚才给你来电话了，你不在，他说过一会儿＿＿＿＿＿＿＿ 来。

⑤ 生词我已经预习了，还要＿＿＿＿＿＿＿ 复习复习课文。

⑥ 我＿＿＿＿＿＿＿ 用用你的车好吗？

⑦ 我＿＿＿＿＿＿＿ 买了一张DVD。

⑧ 我觉得一年时间太短了，我想＿＿＿＿＿＿＿ 学一年。

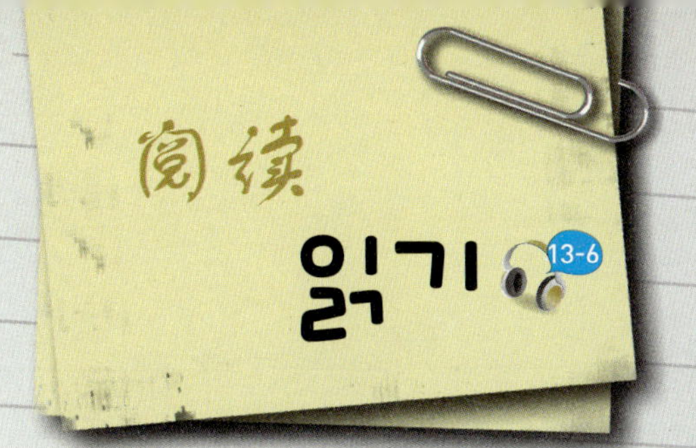

　　今天我去江苹(Jiāng Píng)家了。我和江苹是中学同学，她是我的好朋友，也是我们全班学习最好的学生。她会学习，也会玩儿，还常常帮助别人，老师和同学都很喜欢她。她这次参加了外国一个大学的考试。这个考试非常难。但是她考得很好，得了满分。听说只有三个得满分的。这个大学给了她最高的奖学金。同学们都向她表示祝贺，为她感到高兴。

　　下星期她就要出国留学了，我们班的同学都去看她，给她送行。

　　江苹的家在东城，离我家比较远。我下午四点多就出发了，五点半才到。我到的时候，同学们都已经到了。

　　江苹热情地欢迎我们。同学们好久不见了，见面以后高兴得又说又笑，玩儿得很愉快。我们预祝江苹成功。祝她一路平安。我说，一定要常来信啊。江苹说，一定。跟她说"再见"的时候，她哭了，我也哭了。

　　回家的路上，我想，我们常常说"再见"，但是，有时候"再见"是很难的。我和江苹什么时候能"再见"呢？

　　刚进家，妈妈就告诉我，张东给我来电话了。

最 zuì 부 가장, 최고	帮助 bāngzhù 동 돕다, 도와주다
参加 cānjiā 동 참가하다, 참여하다	考试 kǎoshì 명 동 시험 / 시험을 보다
难 nán 형 어렵다, 번거롭다	得 dé 동 얻다
满分 mǎnfēn 명 만점	奖学金 jiǎngxuéjīn 명 장학금
送行 sòng xíng 동 배웅하다, 전송하다	热情 rèqíng 형 열정적이다
欢迎 huānyíng 동 환영하다	笑 xiào 동 웃다
见面 jiàn miàn 동 만나다	预祝 yùzhù 동 축원하다, 미리 축하하다
成功 chénggōng 동 성공하다	一路平安 yílù píng'ān 성 가시는 길이 평안하시길 빕니다
哭 kū 동 울다	

写汉字
간체자 쓰기

喂	喂	喂			

喂 wèi 감 여보세요

阿姨	阿姨	阿姨			

阿姨 āyí 명 아주머니, 이모

中学	中学	中学			

中学 zhōngxué 명 중고등학교

出国	出国	出国			

出国 chū guó 동 외국에 가다, 출국하다

关机	关机	关机			

关机 guān jī 동 (기계, 컴퓨터 등을) 끄다

对了	对了	对了			

对了 duì le 맞다!, 아참!

开机	开机	开机			

开机 kāi jī 동 (기계, 컴퓨터 등을) 켜다

比赛	比赛	比赛			

比赛 bǐsài 명 동 시합, 경기 / 경기를 하다

본문 해석 및 정답

1과

会话1

건강하십니까

관 사장님: 왕 선생님, 오랜만입니다.

왕 선생님: 아! 관 사장님, 어서 오세요!

관 사장님: 건강하십니까?

왕 선생님: 건강합니다. 건강은 어떠세요?

관 사장님: 그럭저럭 괜찮습니다.

왕 선생님: 요즘 일은 바쁘신가요?

관 사장님: 그다지 바쁘지 않습니다. 선생님은요?

왕 선생님: 막 개학을 해서, 조금 바쁩니다. 뭘 좀 마
　　　　　시겠어요? 차 아니면 커피?

관 사장님: 차 한 잔 마시죠!

会话2

당신의 자전거는 새 것입니까 아니면 헌 것입니까

전방: 내 자전거는 (어디에 있지)?

장동: 네 자전거는 무슨 색깔이야?

전방: 파란색이야.

장동: 새 거야 아니면 헌 거야?

전방: 새 거야.

장동: 저 파란색이 네 것이니?

전방: 어느 것?

장동: 저것.

전방: 아니야. … 아, 내 자전거는 저기에 있네.

综合练习

2. ④

> 녹음)
>
> 田芳: 我的车呢?
>
> 张东: 你的车是什么颜色的?
>
> 田芳: 绿色的。
>
> 张东: 是新的还是旧的?
>
> 田芳: 旧的。
>
> 张东: 那辆是不是你的?
>
> 田芳: 对。是我的。

3. ① 你去银行还是去邮局?

　② 你是学生还是老师?

　③ 你喝茶还是喝咖啡?

　④ 你学习英语还是学习法语?

4. ① 这件毛衣是红的。

　② 这本书是王老师的。

　③ 这辆车是新的。

　④ 那封信是妹妹的。

阅读

① 강의실 건물 앞에 자전거가 많이 있다. 전방은 수업이 끝난 후에 자신의 자전거를 찾으려고 한다. 전방의 자전거는 새 것이다. 장동이 그녀에게 "네 자전거는 무슨 색깔이니?"라고 물었다. 그녀는 파란색이라고 대답했고, 장동은 "저 파란색 자전거가 너의 것이니?"라고 말했다. 전방은 "내 자전거는 새 것이지, 헌 것이 아니야. 저것은 내 것이 아니야."라고 했다. 갑자기 전방은 자신의 자전거를 보고, 그녀는 "아, 내 자전거는 저기에 있네."라고 말했다.

② 나도 자전거가 한 대 있는데, 파란색이 아니고 검은색이다. 나의 자전거는 새 것이 아니고 헌 것이다. 그것은 내가 산 것이 아니고 친구가 선물해 준 것이다. 이 자전거는 예쁘지는 않지만, 매우 가볍고 타기도 쉬워서 나는 매일 자전거를 타고 학교에 온다.

2과

会话1

당신의 집에는 몇 식구가 있습니까

마이크: 너의 집에는 몇 식구가 있니?

마 리: 우리 집에는 다섯 식구가 있어. 아빠, 엄마,
　　　　오빠, 언니 그리고 나.

마이크: 가족사진 있어?

마 리: 한 장 있어. 봐, 이것이 우리 가족사진이야.
　　　　넌 형과 누나가 있니?

마이크: 나는 형도 없고, 누나도 없고, 오직 두 명의
　　　　남동생만 있어.

마　리: 너희 아버지, 어머니는 무슨 일을 하시니?

마이크: 엄마는 의사시고, 병원에서 일하셔. 아빠는 한 회사의 사장님이셔.

마　리: 우리 엄마는 상점에서 일하시고, 아빠는 변호사셔.

会话2

당신의 회사에는 몇 명의 직원이 있습니까

왕 선생님: 당신네 회사는 무슨 회사입니까?

관 사장님: 국제무역 회사입니다.

왕 선생님: 큰 회사입니까?

관 사장님: 크지 않아요, 비교적 작은 회사입니다.

왕 선생님: 직원이 몇 명 있습니까?

관 사장님: 대략 100여 명 정도의 직원이 있습니다.

왕 선생님: 모두 중국 직원입니까?

관 사장님: 모두 중국 직원은 아니고, 외국 직원도 있습니다.

综合练习

2. ②

> 녹음)
>
> 玛丽: 张东，你家有几口人？
>
> 张东: 我家有五口人。
>
> 玛丽: 都有谁？
>
> 张东: 爸爸、妈妈、两个妹妹和我。你家呢？
>
> 玛丽: 我家也有五口人。爸爸、妈妈、哥哥、弟弟和我。
>
> 张东: 你没有姐姐妹妹吗？
>
> 玛丽: 没有。

3. ① 他没有哥哥和妹妹。/ 他没有妹妹和哥哥。

② 你有几个中国朋友？

③ 你们班有多少学生？

④ 你有没有中国地图？

4. ① 你有几本中文书？

② 他有几个中国朋友？

③ 这个公司有多少(个)职员？

5. ① 她有没有世界地图？

② 你们班有没有美国学生？

③ 他有没有中文杂志？

6. ① 个　　　② 张

③ 件　　　④ 把

⑤ 辆　　　⑥ 杯 / 瓶

⑦ 家　　　⑧ 所 / 家

阅读

나는 야마모토라고 한다. 우리 집에는 네 명의 식구가 있는데, 아빠, 엄마, 언니 그리고 나 이다. 아빠는 병원의 의사셔서 매일 일이 바쁘시다. 엄마는 일을 하지 않으시고, 집에서 가사일을 하신다. 언니는 은행의 직원인데, 역시 일이 매우 바쁘다. 나는 북경어언대학교의 유학생이고, 중국어를 배운다. 언니는 남자친구가 한 명 있는데, 언니는 그가 매우 좋다고 말해서, 나는 매우 기쁘다. 나는 아직 남자친구는 없지만, 매우 많은 친구들이 있다. 일본인 친구도 있고, 또 외국인 친구도 있다.

3과

会话1

당신은 자주 도서관에 갑니까

마　리: 나 지금 도서관에 가는데, 나와 같이 가는 게 어때?

마이크: 좋아, 우리 가자. 너는 도서관에 자주 가니?

마　리: 자주 가. 나는 자주 책을 빌리고, 또 자주 거기서 책을 봐. 너는? 자주 가니?

마이크: 나도 자주 가. 가끔은 책도 빌리고, 가끔은 인터넷을 접속하여 자료를 찾기도 해. 하지만 그곳에서 자주 책을 보지는 않아. 나는 항상 기숙사에서 책을 봐.

마　리: 너의 기숙사는 조용하니?

마이크: 매우 조용해.

会话2

저녁에 당신은 자주 무엇을 합니까

이창호: 저녁에 넌 자주 무엇을 하니?

마　리: 본문을 복습하고, 단어를 예습하고, 혹은 연습
　　　　문제도 풀어. 가끔은 인터넷을 접속하여 친구와
　　　　이야기를 나누거나, 이메일을 주고 받기도 해.
이창호: 나도 그래. 난 또 자주 중국 영화와 드라마
　　　　DVD를 봐. 너도 자주 보니?
마　리: 난 자주 안 봐.
이창호: 토요일과 일요일에 넌 무엇을 하니?
마　리: 가끔은 기숙사에서 쉬고, 가끔은 친구와 함께
　　　　공원으로 놀러 가거나 또는 수퍼마켓으로 물
　　　　건을 사러 가.

综合练习

2. ③

3. ① 常
　　② 跟
　　③ 或者
　　④ 有时候 / 有时候
　　⑤ 还是

4. ① 我不常看电影也很少看电视。/
　　　我不常看电视也很少看电影。
　　② 我住的那个宿舍楼不太安静。
　　③ 我常上网查资料或者跟朋友聊天儿。/
　　　我常上网跟朋友聊天儿或者查资料。
　　④ 下午我跟玛丽一起去银行。
　　⑤ 她不常在图书馆看中文杂志。

阅读

나의 기숙사는 그다지 조용하지 않다. 그래서 오후에
나는 자주 도서관에 가서 공부한다. 나는 그곳에서 책

을 보고, 중문 잡지도 보고, 가끔씩은 그곳에서 중국
영화와 드라마 DVD를 본다. 요즘 나는 영문으로 되어
있는 것들은 거의 보지 않는다. 가끔은 인터넷을 접속
하여 친구와 이야기를 하고, 이메일을 주고 받는다.
저녁에 나는 자주 본문을 복습하고, 새 단어를 예습하
거나 또는 연습문제를 풀고, 한자를 쓴다.
토요일과 일요일에 나는 기숙사에서 쉬고, 가끔씩은
친구와 공원으로 놀러 가거나 혹은 슈퍼마켓으로 물
건을 사러 간다.

4과

会话1

그는 무엇을 하고 있습니까

(마리가 마이크를 찾아가려고 마이크의 룸메이트 에드워
드에게 마이크가 기숙사에 있는지 묻는데…)

마　　리: 마이크는 기숙사에 있니?
에드워드: 있어.
마　　리: 그는 무엇을 하고 있니?
에드워드: 내가 나올 때, 그는 음악을 듣고 있었어.

　　　　　　　　　　⋮

(마리가 마이크의 기숙사에 도착했는데…)

마　리: 너 음악 듣고 있는 중이니?
마이크: 아니, 나는 본문 녹음을 듣고 있어.
마　리: 오후에 너는 일이 있니?
마이크: 별 일 없어.
마　리: 우리 같이 서점에 가자, 어때?
마이크: 너는 무슨 책을 사려고 하는데?
마　리: 나는 ≪중영사전≫을 한 권 사고 싶어.
마이크: 우리 어떻게 가지?
마　리: 버스 타고 가자.
마이크: 오늘은 토요일이라 버스 타면 너무 복잡하니
　　　　까, 자전거 타고 가는 게 어때?
마　리: 좋아.

会话2

누가 당신들에게 어법을 가르칩니까

전방: 마리, 너희는 몇 과목의 수업이 있니?
마리: 지금은 네 과목 밖에 없어. 종합 수업, 회화 수

업, 듣기 수업과 읽기 수업이야.

전방: 문화 수업과 체육 수업은 있니?

마리: 없어.

전방: 임 선생님은 너희에게 무엇을 가르치시니?

마리: 임 선생님은 우리에게 듣기와 읽기를 가르치셔.

전방: 누가 종합 수업과 회화 수업을 가르치시니?

마리: 왕 선생님이셔.

综合练习

2. ① X

　② O

　③ X

　④ O

녹음)

玛丽: 麦克，你正在做什么呢?

麦克: 我正在复习语法呢。

玛丽: 明天你有事吗?

麦克: 没有，有什么事吗?

玛丽: 我们明天一起去书店，怎么样?

麦克: 你要买什么书?

玛丽: 我想买一本中文杂志。

麦克: 咱们明天怎么去呢?

玛丽: 我们骑车去吧。

3. ① 林老师教我们听力和阅读。/
　　 林老师教我们阅读和听力。

　② 我们常常问老师问题。/
　　 老师常常问我们问题。

　③ 老师常常回答我的问题。/
　　 我常常回答老师的问题。

　④ 他正想去书店买《汉英词典》呢。

阅读

① 마리가 나를 찾아왔을 때, 나는 마침 본문 녹음을 듣고 있었다. 나는 그녀에게 무슨 일이 있냐고 물었고, 그녀는 오후에 책을 사러 서점에 가려고 하는데, 나도 그녀와 같이 가고 싶냐고 물었다. 나도 마침 서점에 가고 싶었다. 나는 그녀에게 무슨 책을 사려고 하는지 묻자, 그녀는 《중영사전》이 없어서 한 권 사

고 싶다고 했다. 나도 《중영사전》을 한 권 사고 싶다. 나는 그녀에게 어떻게 갈 건지 물었더니, 그녀가 버스를 타고 가자고 말하기에, 나는 오늘은 토요일이라 차가 많이 붐비고, 서점은 그다지 멀지 않으니까, 자전거를 타고 가는 것이 비교적 좋을 거라고 말했고, 그녀도 좋다고 말했다. 오후에 우리는 같이 자전거를 타고 서점에 갔다.

② 마리는 전화카드를 사려고, 종업원에게 "아가씨, 전화카드 있어요?"라고 물었다. 아가씨는 "100위안짜리 필요하세요 아니면 50위안짜리 필요하세요?"라고 물었다. 마리는 "저는 100위안짜리 필요해요."라고 말했다. 아가씨는 "몇 장 드릴까요?"라고 물었고, 마리는 "한 장만 필요해요."라고 말했다.

5과

会话1

저는 우체국에 소포를 부치러 갑니다

전방: 장동, 너 어디 가니?

장동: 나는 우체국에 소포를 부치러 가는데, 가는 김에 서점에 가서 책도 한 권 사려고. 너도 갈래?

전방: 나는 안 가, 잠시 후에 마리가 나를 찾아오기로 했거든. 너 가는 김에 나 대신 우표 몇 장과 청년신문 한 부만 사다 줘.

장동: 알겠어.

전방: 내가 돈 줄게.

장동: 필요없어, 먼저 내 돈으로 사면 돼.

会话2

국제무역 대표단이 내일 상해로 시찰하러 갑니다

제니: 마리, 나 내일 상해에 가.

마리: 너는 상해로 여행가니?

제니: 아니, 내일 국제무역 대표단이 상해로 시찰을 가는데, 내가 가서 통역을 맡기로 했어.

마리: 비행기를 타고 가니 아니면 기차를 타고 가니?

제니: 비행기를 타고 가.

마리: 언제 돌아오는데?

제니: 8일에 돌아와. 너 나 대신 일 하나만 해줘도 되겠니?

마리: 무슨 일인데? 말해 봐.

제니: 나 대신 꽃에 물 좀 줘.

마리: 그래, 문제 없어.

综合练习

2. ③

녹음)

珍妮：昌浩，我明天去北京。

昌浩：你去北京旅行吗?

珍妮：不是，明天大学生代表团去北京参观。

昌浩：你去做什么?

珍妮：我去给他们当翻译。

昌浩：你什么时候回来?

珍妮：10号回来。

3. ① 寄   ② 给
    ③ 当   ④ 顺便
    ⑤ 代表   ⑥ 花
    ⑦ 坐

4. ① 我去上海看一个朋友。
② 代表团明天坐飞机去上海参观。 /
明天代表团坐飞机去上海参观。
③ 她给代表团当翻译。
④ 田芳常上网查资料。

阅读

한 국제무역 대표단이 중국에 왔다. 내일 그들은 상해로 시찰하러 가려 한다. 나는 그들과 함께 가서, 그들에게 통역을 해준다. 우리는 비행기를 타고 가서, 8일에 돌아온다. 나는 마리에게 "나 대신 꽃에 물을 좀 줘, 괜찮겠어?"라고 말했고, 마리는 "그래, 문제없어."라고 말했다.

6과

会话1

입어봐도 될까요

마 리: 오리털 점퍼를 좀 보려고요.

판매원: 이 옷 보시기에 어떠세요? 물건도 좋고, 저렴하답니다.

마 리: 이 옷은 조금 기네요. 좀 짧은 것 있나요?

판매원: 짙은 색을 원하세요 아니면 옅은 색을 원하세요?

마 리: 옅은 색이요. … 제가 좀 입어봐도 될까요?

판매원: 당연히 되죠.

         ⋮

마 리: 이 옷은 너무 헐렁해요, 좀 더 몸에 붙는 것은 없나요?

판매원: 이 옷을 다시 한 번 입어보세요.

         ⋮

마 리: 이 옷은 크지도 작지도 않아서 딱 좋네요. 색깔도 보기 좋고요.

会话2

좀 싸게 해주세요

마 리: 이런 종류의 오리털 점퍼는 어떻게 파나요?

판매원: 한 벌에 400위안입니다.

마 리: 너무 비싸요. 좀 싸게 해주세요, 200위안 어때요?

판매원: 200위안은 너무 싸서, 못 팔아요. 20% 할인해 드릴 수 있어요. 320위안주세요.

마 리: 300위안은 안 될까요?

판매원: 네, 드릴게요.

综合练习

2. ③

녹음)

珍　妮：我想看看羽绒服。

售货员：你看看这件怎么样? 又好看又便宜。

珍　妮：这件有点儿短，有没有长一点儿的?

售货员：有，你要红的还是黑的?

珍　妮：我要红的。我可以试试吗?

售货员：可以。

珍　妮：这件多少钱?

售货员：一件五百块。

珍　妮：太贵了，便宜一点儿吧。

售货员：我可以给你打八折。

珍　妮：好吧。

3. ① 种
   ② 胖
   ③ 深
   ④ 便宜
   ⑤ 又…又…

4. ① 有点儿 / 一点儿
   ② 有点儿 / 一点儿
   ③ 有点儿
   ④ 有点儿
   ⑤ 有点儿 / 一点儿
   ⑥ 有点儿 / 一点儿

5. ① 五分 / 两毛六(分) / 九毛八(分)
   ② 三块零八分 / 八块八毛八(分) / 十块零五分
   ③ 七十七块五毛五(分) / 八十九块五(毛) /
      一百零五块九(毛)
   ④ 一百一十七块八(毛) / 两百零六块零两(分) /
      五百五十八块四(毛)
   ⑤ 八百八十块 / 九百九十七块四毛四(分) /
      一千零三十八块九毛五(分)

阅读

상점에 옷 사러 가기

듣자하니 이곳의 겨울은 매우 춥다고 하던데, 나는 아직 오리털 점퍼가 없어서 한 벌 사러 가고 싶다. 마이크가 말하길, 어느 한 상점의 옷이 좋고 값도 저렴하다고 한다. 그래서 나는 "내일 함께 가자."고 말했다. 마이크는 "미안, 내일 내 친구 한 명이 중국으로 여행 오는데, 공항에 그를 마중가야 해서, 너와 같이 못 갈 것 같아."라고 말했고, 나는 "괜찮아. 나 혼자 가도 돼."라고 말했다.

마리는 내가 옷을 사러 간다는 말을 듣고, "나도 오리털 점퍼 사고 싶은데, 내가 너랑 같이 갈게, 괜찮니?"라고 말했고, 나는 "물론 좋지! 나도 마침 같이 갈 사람을 찾고 있었어."라고 말했다.

나는 마리에게 "내일 우리 몇 시에 출발할까?"라고 물었고, 마리는 "내일은 일요일이라 버스 타는 사람이 분명히 많을 테니, 우리 좀 일찍 가자. 8시에 가는 게 어때?"라고 말했다. 나는 "좋아. 그 상점은 학교에서 그다지 멀지 않으니까, 버스 탈 필요 없이 자전거 타고 가도 돼."라고 말했고, 마리는 "좋아!"라고 답하며, "듣

자 하니 재미있는 전시회가 하나 있다고 하던대, 나 매우 보러 가고 싶어. 너는 어때?"라고 물었고, 나는 "나도 매우 보러 가고 싶어. 우리 같이 가자."라고 말했다. 마리는 "좋아, 나는 너와 함께 옷을 사러 가고, 너는 나와 함께 전시회를 보러 가는 거야."라고 말했다.

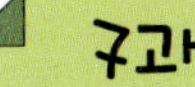

会话1

당신은 어느 해에 대학을 졸업합니까

전　방: 너는 어느 해에 대학을 졸업하니?

이창호: 내년. 넌?

전　방: 난 후년. 넌 올해 몇 살이야?

이창호: 난 21살이야.

전　방: 무슨 띠야?

이창호: 개 띠.

会话2

생일 축하합니다

전방: 네 생일은 몇 월 며칠이니?

마리: 내 생일은 10월 18일이고, 마침 토요일이야.

전방: 그래? 너는 어떻게 보낼 계획이니?

마리: 나는 생일파티를 열 작정이야. 너도 와서 참석해, 어때?

전방: 언제 하는데?

마리: 토요일 저녁 7시야.

전방: 어디에서?

마리: 바로 내 방에서.

전방: 좋아. 내가 꼭 갈게. 생일 축하해!

마리: 고마워!

2. 10월 5일 금요일

녹음)

昌浩: 今天几月几号? 星期几?

田芳: 今天十月四号。星期四。

昌浩: 星期六你打算做什么?

田芳: 星期六我打算举办一个生日晚会。

昌浩: 星期六是你的生日吗?

田芳: 不是，我的生日是星期五。

昌浩: 是吗? 祝你生日快乐！

田芳: 谢谢！

3. ① 号

② 快乐

③ 正好

④ 打算

⑤ 参加

阅读

아빠, 엄마:

오랫동안 아빠, 엄마께 편지를 쓰지 않았네요, 건강하세요?

저는 잘 지내요. 제게 보내주신 생일선물 정말 예뻐요. 감사해요!

오늘 전 기숙사에서 생일파티를 했어요. 우리 반 학우와 몇 명의 중국 친구가 참석했어요. 반 친구들은 저에게 많은 선물을 주었어요. 중국 친구 전방은 제가 개 띠라며 저에게 작은 강아지 장난감 한 마리를 선물해주었어요. 그런데 저는 "개 띠"가 무슨 뜻인지 몰랐는데, 전방이 제가 개 띠 해에 태어나서 개 띠라고 한다고 말해주었어요. 저는 정말 재미있었어요.

파티에서 우리는 같이 노래를 부르고, 케이크를 먹고, 매우 즐겁게 놀았어요. 중국에서 학우들과 함께 생일을 보낼 수 있어서, 저는 정말 즐겁다고 느꼈어요.

아빠, 엄마 건강하세요!

마리가

10월 18일

8과

会话1

나의 하루

나는 매일 아침 6시 반에 기상하고, 7시에 아침을 먹는다. 8시 10분 전에 교실로 가고, 8시에 수업을 시작한다. 오전에 우리는 4교시의 수업이 있고, 12시에 수업이 끝난다. 점심에 나는 식당에 가서 점심을 먹는다. 점심 식사 후에, 나는 자주 친구에게 가서 이야기를 나눈다. 오후에 수업이 없을 때, 나는 도서관에 가서 공부를 하거나 중국 친구와 함께 회화를 연습한다. 가끔은 기숙사에서 영화 CD를 보기도 한다.

4시에 나는 운동장에 가서 신체를 단련하고, 5시에 기숙사로 돌아와 샤워를 하고, 빨래를 하며, 6시 반 혹은 7시에 저녁 식사를 한다. 저녁에 나는 연습문제를 풀고, 한자를 쓰고, 본문과 새 단어를 예습한 후에 TV를 보거나, 음악을 듣고, 11시에 잠을 잔다.

会话2

내일 아침 7시 15분에 출발합니다

이 선생님: 여러분, 내일 우리는 등산하러 갈 거예요.

야마모토: 좋아요! 선생님도 가시나요?

이 선생님: 갑니다. 1학년의 선생님과 학생들이 모두 갑니다.

야마모토: 내일 언제 출발하나요?

이 선생님: 내일 아침 7시에 건물 앞에 집합해서 차를 타고, 7시 15분 정시에 출발합니다.

야마모토: 점심에 돌아오나요?

이 선생님: 돌아오지 않으니까, 점심 식사를 꼭 가지고 오세요.

야마모토: 언제 돌아오나요?

이 선생님: 오후 4시에 돌아옵니다.

综合练习

2. ④

녹음)
田芳: 张东，你每天几点起床?
张东: 我每天差十分七点起床。
田芳: 几点下课?
张东: 12点多下课。
田芳: 下课以后，你做什么?
张东: 我常常去图书馆复习课文和生词，看看书，上网查资料。
田芳: 几点吃晚饭?
张东: 六点半吃晚饭。
田芳: 你几点睡觉?
张东: 我十点三刻睡觉。

3. ① 点
　 ② 刻
　 ③ 每
　 ④ 早上
　 ⑤ 年

4. ① 六点半 / 六点三十分
　 ② 七点三刻 / 七点四十五分 / 差一刻八点 / 查十五分八点
　 ③ 两点
　 ④ 九点五十五 / 差五分十点
　 ⑤ 十二点一刻 / 十二点十五分
　 ⑥ 十点半 / 十点三十分
　 ⑦ 两点二十五分
　 ⑧ 十一点五十 / 差十分十二点

阅读

에드워드의 하루

에드워드는 캐나다 유학생으로, 현재는 우리 학교에서 중국어를 공부하고 있다. 그는 매우 열심히 공부를 한다. 매일 10분 전 7시에 일어나 아침에는 운동도 하지 않고 아침 식사도 하지 않는다. 본문을 읽고, 새 단어를 암기하고, 문법을 복습한다. 그는 7시 45분에 교실로 가서, 8시에 수업을 시작하는데, 오전에는 4교시의 수업이 있다. 쉴 때, 그는 커피를 마시러 가고, 뭘 좀 먹는다. 12시에 수업이 끝난다. 수업이 끝난 후에 그는 식당에 가서 점심을 먹는다. 점심에 그는 잠을 자지 않고, 자주 책을 보거나 친구들과 한담을 나눈다.

화요일 오후에는 2교시의 수업이 있는데, 2시에 시작해서 4시에 수업이 끝난다. 오후에 수업이 없을 때, 그는 자주 도서관에 가서 연습문제를 풀고, 책을 보거나 혹은 인터넷에 접속하여 자료를 찾는다.

매일 4시 반, 그는 운동장에 가서 신체를 단련하는데, 달리기를 하거나 구기운동을 하고, 5시 반에 기숙사로 돌아와 샤워를 하고, 옷을 세탁한다. 7시에 저녁 식사를 한다. 저녁에 그는 TV를 보고, 음악을 듣고, 한자를 쓰고, 연습문제를 풀고, 새 단어와 본문을 예습하고, 11시 넘어서 잠을 잔다.

에드워드는 매일 매우 바쁘다. 그는 중국어를 공부하는 것이 비교적 어렵지만, 재미있다고 말한다.

9과

会话

당신은 어떤 취미가 있나요

선생님: 오늘은 여러분들이 자신의 취미에 대해 이야기해 보세요. 누가 먼저 이야기할까요?

마　리: 선생님, 제가 먼저 할게요.

선생님: 좋아요, 먼저 말해 보세요. 마리는 무슨 취미가 있나요?

마　리: 저의 취미는 경극을 보는 것이에요.

선생님: 경극 보는 것을 좋아한다고요?

마　리: 네, 매우 좋아해요. 저는 또 경극 부르는 것을 배우고 싶어서, 선생님 한 분을 모셔서 가르쳐 달라고 할 예정이에요.

선생님: 마이크는 무엇하는 것을 좋아하나요?

마이크: 저는 컴퓨터 하는 것을 좋아해요.

선생님: 롤랜드는요?

롤랜드: 저는 음악 듣는 것을 좋아해서, 수업이 끝난 후에 노래를 듣거나 친구들과 이야기를 나누면, 기분이 매우 즐거워요.

선생님: 다나카는 여가시간에 자주 무엇을 하나요?

다나카: 저는 중국에 오기 전에 벌써 서예에 특히 흥미를 느꼈어요. 그래서 올해 회사가 저를 중국으로 파견했을 때, 매우 기뻤습니다. 지금 저는

마침 선생님 한 분에게 서예를 배우고 있고, 또 중국 그림 그리는 것도 배우고 있어요.

综合练习

2. ① X
   ② X
   ③ O

녹음)

麦克: 玛丽, 你去哪儿?

玛丽: 我跟罗兰去书店, 你呢?

麦克: 王老师让我去金老师的办公室借一本词典。

玛丽: 借什么词典?

麦克: 《汉英词典》。

玛丽: 好, 我们明天见吧。

3. ① 对
   ② 以前
   ③ 让
   ④ 喜欢
   ⑤ 爱好

4. ① B
   ② C
   ③ B
   ④ C
   ⑤ C

阅读

마리의 일기

11월 2일 수요일 맑음

오늘 수업할 때, 선생님께서 우리에게 자신의 취미를 말해 보라고 하셨다. 선생님께선 나에게 먼저 말하라고 하셨는데, 나는 경극 보는 것을 대단히 좋아한다고 말했다. 선생님께선 매우 놀라셨다. 선생님은 "네가 경극 보는 것을 좋아한다고?"라고 물으셨고, 나는 대단히 좋아한다고 말했다. 나는 중국에서는 적지 않은 젊은이들이 경극 보는 것을 좋아하지 않는다는 것을 알았다. 나 같은 '외국인'이 이렇게 경극 보는 것을 좋아한다고 하니, 당연히 놀랍다고 느끼셨다.

우리 반의 학생들 모두 자신의 취미를 이야기했다. 마이크는 자신이 컴퓨터 하는 것을 좋아한다고 말했다. 그는 노트북 컴퓨터가 하나 있는데, 여가시간에 그는 자주 컴퓨터에서 한자로 무엇인가 쓰는 것을 연습한다. 롤랜드는 음악을 좋아한다. 그녀는 수업이 끝난 후에 음악을 듣거나, 친구와 이야기를 나누면 기분이 좋아진다고 말했다. 다나카는 그가 중국에 오기 전에 서예에 흥미를 느꼈다고 말했다. 그는 지금 선생님 한 분에게 서예를 배우고 있다. 나도 경극 부르는 것을 배울 예정이라, 선생님을 한 분 모셔서 가르쳐 달라고 하고 싶다. 나는 나중에 공연에 참가할 수 있기를 희망한다.

IO과

会话1

학교 안에는 우체국이 있습니까

야마모토: 학교 안에 우체국 있니?

장　　동: 있어.

야마모토: 우체국은 어디에 있니?

장　　동: 도서관 서쪽에 있어.

야마모토: 여기에서 멀어?

장　　동: 멀지 않아, 가까워.

야마모토: 도서관 동쪽은 어떤 곳이야?

장　　동: 도서관 동쪽은 축구장이 하나 있어.

会话2

여기에서 박물관까지 얼마나 멉니까

마리: 실례합니다, 뭘 좀 여쭤 볼게요. 박물관은 어디에 있습니까?

행인: 박물관은 동쪽에 있는데, 평화공원과 인민광장 사이에 있어요.

마리: 여기에서 얼마나 멉니까?

행인: 여기에서 그곳까지 대략 7~800 미터 정도 돼요.

마리: 어떻게 가나요?

행인: 여기에서부터 곧장 동쪽으로 가다가, 신호등이 있는 곳에 도착하면 왼쪽으로 꺾으세요. 큰 길 동쪽에 흰색의 큰 건물이 하나 있는데, 그것이 바로 박물관이에요.

마리: 감사합니다!
행인: 별 말씀을요.

综合练习

2. ① O
   ② O
   ③ O

녹음)
张东: 玛丽，你家在哪儿?
玛丽: 我家在中国书店附近。
张东: 我也是。我家在中国书店和中国银行
       中间。
玛丽: 我知道那儿。
张东: 以后我们常常见面吧。
玛丽: 好啊！

3. ① C   ② B
   ③ D   ④ C
   ⑤ C   ⑥ C
   ⑦ A

阅读

나는 길을 잃었어요

일요일, 나는 혼자 시내에 놀러 갔다. 학교로 돌아가려고 할 때는 이미 시간이 매우 늦었다. 나는 길을 잃어서, 버스정류장이 어디인지를 알 수 없었다.

나는 어떤 사람에게 어언대학교에 가려면 어떻게 차를 타야 하는지 물었고, 그 사람은 그는 북경 사람이 아니라서 모른다고 말했다. 이때 택시 한 대가 나타났다.

택시 기사는 나에게 "아가씨, 어디로 가세요?"라고 물었고, 나는 "학교로 돌아가려고요."라고 말하며, "어언대학교에 가려면 어떻게 가는지 알려 주실 수 있으세요?" 라고 물었다.

그는 "타세요, 내가 학교로 데려다 줄게요."라고 말했고, 나는 "죄송해요, 저는 택시는 안 타고, 버스를 탈 거예요."라고 말했다.

이때, 앞쪽에 몇 명의 학생이 있었는데, 나는 그들에게 어언대학교에 가려면 어떻게 가야 하는지 물었다. 한

남학생이 "당신은 유학생이군요?"라고 했고, 나는 "네, 저는 어언대학교 학생이에요."라고 말했다. 그가 "저희와 같이 가요, 우리는 북경대학교 학생들이에요. 당신 학교는 우리 학교 동쪽에 있거든요."라고 말했다.

나는 그들과 함께 버스정류장에 도착했다. 그들은 나에게 "여기에서 375번 버스를 타고 가면, 바로 당신 학교에 도착할 수 있을 거예요."라고 말했다.

버스에 오른 후, 그들이 내 차비를 내주었고, 내가 그들에게 돈을 주니, 그들은 필요 없다고 했다. 그 남학생은 "됐어요, 겨우 1위안인걸요."라고 말했다. 차는 학교 정문에 도착했고, 나는 내리려고 할 때, 그들에게 많은 이야기를 하고 싶었지만, 나는 단지 "고마워요, 안녕히 가세요."라고 밖에 할 줄 몰랐다.

11과

会话 1

저는 태극권을 배우고 싶습니다

마　리: 너는 태극권을 할 줄 아니?
롤랜드: 할 줄 몰라. 너는?
마　리: 나도 할 줄 몰라. 너 배우고 싶지 않니?
롤랜드: 배우고 싶어.
마　리: 나도 배우고 싶어. 듣자 하니 체육선생님께서 다음 주에 태극권을 가르쳐 주신다고 하던대, 우리 신청하러 가자.
롤랜드: 좋아.

会话 2

다시 한 번 말씀해 주실 수 있으세요

마　리: 선생님, 저희는 태극권을 배우고 싶어요, 지금 신청할 수 있나요?
선생님: 가능하단다.
마　리: 언제 수업이 시작되나요?
선생님: 다음 주 월요일이란다.
마　리: 매일 오후 모두 수업이 있나요?
선생님: 아니, 1, 3, 5 오후에만 수업이 있단다.
마　리: 죄송한데요, 다시 한 번 말씀해 주실 수 있으세요? 저는 '1, 3, 5'가 무슨 뜻인지 모르겠어요.
선생님: 바로 월요일, 수요일, 금요일을 말하는 거란다.

마 리: 몇 시부터 몇 시까지 수업하나요?
선생님: 4시 반부터 5시 반까지, 한 번에 한 시간씩 한
단다.

(월요일 오후)
선생님: 마리! …… 마리는 어째서 안 왔니?
롤랜드: 선생님, 마리가 저에게 결석계를 좀 내달라고
했어요. 마리는 오늘 몸이 좀 불편해요. 머리
가 아프고, 열도 나고, 기침을 하는데, 아마도
감기에 걸린 것 같아요. 마리는 병원에 진찰
받으러 간다고 해서, 수업하러 올 수 없다고
했어요.

综合练习

2. ④

3. ① 会 / 会
   ② 能
   ③ 想
   ④ 能
   ⑤ 要
   ⑥ 可以

4. ① 你想不想买词典？
   ② 我要去图书馆看书。
   ③ 晚上她能跟我一起去。
   ④ 这件大衣太贵了，我不能买。
   ⑤ 她头疼，发烧，不能来上课。

阅读

① 나는 태극권을 할 줄 몰라서 매우 배우고 싶어 하
고, 마리 역시 할 줄 몰라 그녀 역시 배우고 싶어 한
다. 듣자 하니 체육선생님께서 다음 주에 태극권을 가

르치신다고 해서, 우리는 신청하러 가기로 했다.
선생님께선 다음 주 월요일부터 수업이 시작된다고
하셨다. 나는 선생님께 매일 오후에 모두 수업을 하
는지 여쭈었다. 선생님은 매일 오후는 아니고, 1, 3, 5
오후에만 한다고 하셨다. 그런데 나는 "1, 3, 5"가 무
슨 뜻인지 몰랐다. 선생님이 1, 3, 5는 바로 월요일,
수요일, 금요일이라고 말씀해 주셨다.
오늘 오후에 우리는 태극권 수업이 있는데, 마리는 몸
이 좋지 않아 열이 나고, 머리가 아픈 것이 아마도 감
기에 걸린 것 같아서 그녀는 병원에 진찰 받으러 간다
고 나에게 결석계를 내달라고 했다. 수업을 할 때, 선
생님께서는 마리가 왜 오지 않았느냐고 물으셨고, 나
는 그녀가 병이 나서 오늘 수업에 올 수 없다고 말씀
드렸다.
② 어느 날, 나는 마이크에게 운전을 할 줄 아냐고 물
었는데, 그는 당연히 할 줄 안다고 말했다. 나는 "내
친구가 차가 한 대 있는데, 내가 빌려올 수 있으니 일
요일에 그의 차를 몰고 놀러 가는 것 어때?"하고 말했
다. 마이크는 "안 돼, 나는 중국에서 운전을 할 수 없
어."라고 말했다. 나는 그에게 "왜?" 하고 물으니, 그
는 자동차 여권이 없기 때문이라고 말했다. 나는 그
에게 그것은 여권이라고 하지 않고, 운전면허증이라
고 한다고 알려 주었다. 그는 "맞아, 운전면허증! 나는
자주 틀렸어."하고 대답했고, 나는 "'常常错'라고 해
야지 '常常错了'라고는 할 수 없어. '자주'라는 단어
는 뒤에 '了'를 쓸 수 없거든."이라고 말했다. 그는 "그
래? 나 아직 그 문법은 안 배웠어."라고 말했다.

12과

会话1

그녀는 잘 배웁니다
선생님: 롤랜드, 방송국에서 유학생을 초청해 중국어
프로그램을 하나 공연하고 싶어하는데, 네가
가겠니?
롤랜드: 선생님, 저는 가고 싶지 않아요.
선생님: 왜?
롤랜드: 저는 중국어를 잘하지 못하고, 연기도 할 줄
몰라요.

선생님: 너는 잘 배우고, 발전도 많이 했고, 중국어 수준도 매우 빨리 향상되었잖니.

롤랜드: 뭘요, 저는 발음이 아직 정확하지 않고, 말도 유창하게 하질 못해요. 마리가 나가게 하세요. 그녀는 중국어를 매우 잘 배워서, 말을 유창하게 해요. 마리는 게다가 경극도 부를 줄 알아요.

선생님: 그래? 마리는 경극을 어느 정도 부르는데?

롤랜드: 왕 선생님께서 그녀가 매우 잘 부른다고 하셨어요.

선생님: 그녀는 어떻게 이렇게 잘 배웠지?

롤랜드: 그녀는 매우 노력하고, 또 성실해요.

会话2

그녀는 매일 일찍 일어납니다

마이크: 선생님, 선생님께서 보시기에 그녀의 태극권 실력은 어떤가요?

선생님: 잘 한단다.

마이크: 태극권을 배우기 위해, 그녀는 매일 일찍 일어나요.

선생님: 마이크, 너는 무슨 운동을 좋아하니?

마이크: 저는 달리기와 농구하는 것을 좋아해요.

선생님: 방금 네가 굉장히 빨리 달리는 것을 봤어. 너의 농구 실력은 어떠니?

마이크: 그럭저럭해요. 선생님께선 매일 나오셔서 운동하세요?

선생님: 그래, 나는 매일 운동을 계속 한단다. 너는?

마이크: 저는 자주 하진 않아요. 저녁에 자주 늦게 자기 때문에, 아침에 매우 늦게 일어나거든요.

综合练习

2. ① O
   ② O
   ③ X
   ④ X

녹음)
我叫爱德华，是留学生。我在北京大学学习汉语。我平时对太极拳感兴趣，每天早上努力学太极拳，可是打得不太好。我们班的玛丽学唱京剧，听王老师说她唱得非常好。

3. ① 说
   ② 怎么
   ③ 快
   ④ 打
   ⑤ 都
   ⑥ 为

4. ① 他每天早上都起得很早。
   ② 他跑步跑得非常快。
   ③ 玛丽中文歌唱得很不错。
   ⑤ 她汉字写得很好。
   ⑥ 我太极拳打得不太好。

阅读

① 오늘 사무실의 이 선생님께서 나를 찾아오셔서는 방송국에서 유학생을 초청해 중국어 프로그램을 공연하는데 나에게 가고 싶은지 물어보셨다. 나는 "저는 안 돼요. 제 중국어 실력은 그다지 좋지 않고, 발음이 정확하지 않고, 프로그램을 연기할 줄 몰라요."라고 했다. 나는 선생님께 "마리는 가능해요. 마리는 중국어를 잘 배워서 매우 유창하게 말하고, 게다가 경극까지 부를 줄 아는데, 왕 선생님께서 마리가 경극을 매우 잘 부른다고 하셨으니, 마리가 가게 하세요."라고 말씀드렸다. 선생님은 나에게 마리가 가길 원할 것인지 물으셨다. 나는 "마리와 이야기해 볼게요. 제 생각에 그녀가 아마 원할 것 같아요."라고 말씀드렸다.

② 오늘 수업을 할 때, 선생님께서 모두에게 졸업 후에 무엇을 할 계획인지 물어보셨다. 학생들은 모두 자신의 계획은 말했다. 에드워드는 문장을 잘 쓰고, 사진 찍기를 좋아하고, 또 사진을 잘 찍어서, 기자가 되고 싶다고 했다. 이미숙은 학교에서 일을 하면 재미있을 것 같아서, 선생님이 되고 싶다고 했다. 마리는 변호사가 되고 싶어 하고, 마이크는 중국어를 잘 배워서, 통역사가 될 계획이다. 야마모토는 아버지 회사에

서 일하고 싶다고 했고, 롤랜드는 비서 일에 흥미를
가지고 있어서, 대사관에 가서 비서가 되기를 희망한
다고 말했다.

13과

会话1

전방은 어디에 갔습니까

장   동: 여보세요! 전방이니?

전방 어머니: 전방 없는데, 장동이구나?

장   동: 아주머니, 안녕하세요! 전방은 어디 갔
              나요?

전방 어머니: 전방은 4시 조금 넘어서 벌써 친구 집에
              갔어. 전방의 중고등학교 친구가 출국을
              할 거라, 친구 보러 갔다.

장   동: 전방은 언제 돌아오나요?

전방 어머니: 말하지 않았어, 전방 휴대전화로 전화해
              보렴.

장   동: 제가 걸었었는데, 휴대전화를 꺼놨더라
              고요.

전방 어머니: 그래? 그럼 잠시 뒤에 다시 걸어보렴.

(장동이 또 전화를 건다.)

장   동: 아주머니, 전방 돌아왔나요?

전방 어머니: 아직 안 돌아왔어.

会话2

그가 다시 전화를 걸었습니다

전   방: 엄마, 저 돌아왔어요.

전방 어머니: 장동이 너에게 전화를 걸었니?

전   방: 아니요.

전방 어머니: 장동이 전화해서 너를 찾더라. 네 휴대
              전화로 걸어보았는데, 네가 휴대전화를
              꺼놨다고 하더구나.

전   방: 아! 맞다, 휴대전화를 켜는 걸 잊어버렸
              어요.

전방 어머니: 어서! 전화가 또 울린다, 네가 가서 받아
              봐.

(전방이 전화를 받는다.)

전방: 오후에 너 나한테 전화를 걸었지?

장동: 걸었어. 너 왜 휴대전화를 꺼놨니?

전방: 미안해, 켜는 걸 잊어버렸어. 오후에 너 뭐 했니?

장동: 나는 축구하러 갔었어. 오늘 우리는 유학생 대
      표팀과 경기를 했어.

전방: 너희 팀이 또 졌지?

장동: 아니야. 이번에는 우리가 이겼어.

전방: 몇 대 몇?

장동: 2대 1.

전방: 축하해! 아, 너 무슨 일이라도 있니?

장동: 너한테 좀 물어볼 것이 있어서. 너 토플 수업 들
      으려고 하지 않았어? 신청했어?

전방: 이미 신청했어. 너도 토플 시험 보려고?

장동: 응. 나는 내일 신청하러 가려고 하는데, 네가 나
      랑 같이 가줄 수 있겠어?

전방: 좋아.

综合练习

2. ④

녹음)

麦克: 玛丽, 你昨天去哪儿了?

玛丽: 我早上七点去操场学太极拳, 八点上
      课了。

麦克: 下课以后呢?

玛丽: 我跟罗兰一起去饭馆儿吃饭, 然后去
      买书了。

麦克: 买什么书了?

玛丽: 《汉英词典》。

3. ① 踢

   ② 出国

   ③ 又

   ④ 接

   ⑤ 操场

4. ① 不   ② 没有

   ③ 没有/不   ④ 没有/不

   ⑤ 不   ⑥ 不

   ⑦ 不

5. ① 又　　　　② 再
　 ③ 再　　　　④ 再
　 ⑤ 再　　　　⑥ 再
　 ⑦ 又　　　　⑧ 再

阅读

오늘 나는 강빈의 집에 갔었다. 나와 강빈은 중고등학교 동창으로 나의 친한 친구이자, 또 우리 전체 반에서 성적이 가장 좋은 학생이기도 하다. 그녀는 공부도 잘 하고, 놀기도 잘 하고, 또 자주 다른 사람들을 도와주어서, 선생님과 반 친구들은 모두 그녀를 좋아한다. 그녀는 이번에 해외 대학교의 시험을 치렀다. 이 시험은 매우 어려웠지만 그녀는 시험을 매우 잘 봐서, 만점을 받았다. 듣자 하니 단지 세 사람만 만점을 받아 이 대학교는 그녀에게 최고 높은 장학금을 주었다. 친구들은 모두 그녀를 축하해 주었고, 강빈 또한 매우 기뻐했다.

다음 주에 강빈이 출국하여 유학을 가서, 우리 반 학생들이 모두 그녀를 보러 가서 송별모임을 했다.

강빈의 집은 동성에 있는데, 우리 집에서 비교적 멀다. 나는 오후 4시쯤 벌써 출발했고, 5시 반이 되어서야 도착했다. 내가 도착했을 때, 친구들은 모두 이미 도착해 있었다.

강빈은 친절하게 우리들을 환영해 주었다. 친구들은 오랜만에 만났는데, 만나고 나서는 매우 즐겁게 웃고 이야기를 나누었고, 매우 즐겁게 놀았다. 우리는 강빈이 성공할 것을 축원하였다. 또 그녀가 떠나는 길이 평안하길 빌었다. 나는 꼭 자주 편지하라고 말했고, 강빈도 꼭 하겠다고 답했다. 그녀에게 '안녕'이라고 말했을 때, 그녀가 울었고, 나도 울었다.

집으로 오는 길에, 나는 우리는 자주 '또 보자'라는 말을 하지만, 가끔씩은 '또 본다'는 것이 매우 어렵다는 생각이 들었다. 나와 강빈은 언제 '또 만날 수' 있을까?

집에 막 들어오자, 엄마는 나에게 장동이 나에게 전화를 했었다고 알려 주셨다.